AF433920

Single in the rain…
(Un canto a la vida en Single)

LOLA

Título original: Single in the rain (Un canto a la vida en single)
Autor: Lola (Seudónimo)
Diseño de cubierta y maquetación: Rafael Lugo
Edita: Bubok Publishing S.L.
© Autor: Ana Sánchez
Impreso en España / Printed in Spain
Impreso por Bubok
ISBN papel: 978-84-686-3270-4 / ISBN ebook: 978-84-686-3271-1

Primera edición, Febrero 2013

Dedicatoria

Para….

Todas aquellas personas que se atreven a vivir con ellas mismas cada día. Y para toda mi gente, que me ha hecho conseguirlo… y disfrutarlo.

Índice

INTRODUCCIÓN

Este libro va dedicado a todas las mujeres que, por circunstancias diversas, voluntarias o impuestas, viven de forma independiente (¡que no solas!) pero se sienten confundidas y perdidas en muchas ocasiones y se preguntan si no estarán haciendo algo mal, si no serán ellas el problema, o por qué no pueden ser ellas las que formen parte de todas esas parejas con las que se encuentran a diario y parecen tan estables y sólidas…

Ahí va solo un pequeño dato para que comencemos a pensar que no puede haber tantas personas "equivocadas" como nosotras…. Actualmente en España el número de personas que viven individualmente asciende a OCHO MILLONES, de los que casi CUATRO MILLONES son mujeres mayores de 30 años.

Pues bien, queridas amigas, aquí, entre estas páginas aderezadas con una buena dosis de humor, sin que por ello se pierda ni una pizca de seriedad del tema que nos ocupa y del fenómeno social al que estamos asistiendo, encontraréis anécdotas (la mayoría basadas en hechos reales) y moralejas extraídas de todas esas experiencias… Os garantizo que pasaréis un rato de lo más agradable y sin duda os sentiréis identificadas con muchas de estas vivencias y reflexiones. Y apuesto a que a más de una se le escapará una lagrimilla en algún momento….

Os animo a que comencéis ya mismo a navegar por estas aguas, os olvidéis por un instante de todo lo demás y os dispongáis a experimentar buenas sensaciones en compañía de una amiga que os escribe.

Que lo disfrutéis…

SINGLE… ¿Y AHORA QUÉ?

Se acerca el verano. Otro verano más que me tengo que organizar los planes, encontrar a las amigas que puedan coincidir conmigo, ponernos de acuerdo en fechas lugares, gustos…. ¡Qué pereza…! Con lo bien que se estaba antes con esa persona que se dejaba llevar tan fácilmente y con la que solo había que tirar un dardo en el mapa y allá que íbamos….

De pronto…¡Sorpresa, sorpresa! Me acaba de llamar Sami, una de mis mejores amigas, dándome la alegría de la semana. Ha encontrado plaza para hacer un viaje de ensueño por Sudáfrica, en uno de esos trenes de época que te recuerdan a las películas de Agatha Christie… Ya empiezo a soñar de nuevo… ¡Me muero de la ilusión! Y yo que había comenzado el día con un pesimismo a punto de hundirme en la miseria…..

En efecto, Sami es una de mis grandes amigas. La conocí hace unos años, cuando ella todavía tenía pareja y yo, que acababa de finalizar mi relación, en un intento de abrir horizontes nuevos (aunque sin pizca de ganas) me apunté a irme de escapada de fin de semana con un grupo de amigos que conocí a través de otras amigas… En fin, un poco arriesgado sí, pero la opción era esa o quedarse en casa lamentándose….

Así que me embarqué en esa aventurilla de pasar un par de días en una casa rural haciendo rutas de senderismo por la sierra e ingiriendo cantidades desproporcionadas de comida y bebida que no se meten ni los que escalan el Himalaya…

Y fue allí donde tuve la oportunidad de conocer a dos de las que ahora son mis amigas más cercanas (aunque somos unas cuantas más, porque el efecto dominó de las separaciones se ha disparado en los últimos años…): Sami, que entonces mantenía una relación de pareja, nada menos que desde hace 20 años, y Sonia, que también tenía pareja y por aquel entonces cumplía su 22 aniversario…. ¡Toma ya!!!…

Y ahí estaba yo, la impar, la que rompía un poco la estructura del grupo … Aunque también se unieron un par de chicos solos, y menudo corte pasé al principio…

Pero lo cierto es que… como ocurre casi siempre que hacemos un esfuerzo a favor de nuestro bienestar, aunque de entrada no tengamos ninguna gana y lo que más deseemos sea quedarnos en el sofá tiradas con el mando de la tele echando la lagrimita mientras vemos el pastelón de turno, esta fue una de las grandes experiencias de mi vida porque, como os digo, conocí a dos bellísimas personas que ahora son esenciales para mí.

Resulta increíble, y lo experimento una y otra vez, cómo la vida nos recompensa cuando decidimos cuidarnos y hacer lo que más nos conviene, que casi nunca suele coincidir con lo que más nos apetece….Y cuando logramos superar ese instante de lucha interna y damos ese primer paso que tanto nos cuesta… ¡Bingo!, comenzamos a vivir momentazos que por supuesto no entraban en el más remoto de nuestros planes…

Pues bien, esta pequeña escapada por las montañas ocurrió hace exactamente cuatro años, y ahora ni Sami ni Sonia mantienen relación con sus respectivas parejas…

Pero es que además el grupo se ha ido ampliando con otras amigas que han ido rompiendo sus relaciones, y en estos momentos tengo a mi lado nada menos que a nueve encantadoras mujeres que he conocido por circunstancias diferentes y con las que he establecido unos sólidos y cariñosos lazos… Sí, sí, no exagero, conmigo somos diez, y de ellas solo hay una "acompañada"…

Ironías de la vida: hace unos años era yo ese bicho raro de los grupos, la impar, la que fastidiaba las reservas de las mesas de cuatro o de dos, mientras que ahora lo raro es encontrar en el grupo a alguien acompañado.

Me llamo Sandra, y esta es mi historia. Encantada de compartirla con vosotras....

FORMAMOS UN BUEN EQUIPO

Soy una mujer de esos CUATRO millones que, a mis 39 años y tras finalizar una relación hace cuatro, no ha encontrado mejor forma de vida que la de estar con una misma pues, por lo menos hasta ahora, con las "posibles parejas" que se me han cruzado por el camino no he logrado alcanzar la "plenitud" que creo que debe existir en una relación.

A pesar de las ganas que podamos tener de vivir en compañía, cada día descubro que los grandes momentos se viven cuando somos coherentes con nosotros mismos y no nos conformamos con lo primero que se presenta si no nos llena. La experiencia me ha hecho comprobar una y otra vez que esos grandes momentos a los que me refiero superan con creces la mediocridad que se vive cuando se está acompañado por una cuestión de conformismo, miedo, necesidad, etc.

Pero basta ya de reflexiones, creo que la mejor forma de poneros en situación es presentaros al resto del pelotón de combate….

Ya conocéis a Sami, ahora tiene 43 años y desde hace tres decidió que su relación de pareja que duraba ya veinte años le estaba haciendo sentir más desgraciada que afortunada, y se atrevió (¡¡porque hay que echarle valor!!!) a mirar al abismo, abandonar su situación conyugal y comenzar una nueva vida después de tanto tiempo. ¡¡Hurra por Sami!!!!

Aún así, su ruptura no fue demasiado traumática, ya que el verdadero infierno lo había vivido durante sus últimos cinco años de relación, por lo que, más bien se sintió liberada al romper.

Sami es una ejecutiva de ventas de éxito, con independencia económica (¡fundamental para ser la dueña de tu vida!) y con una integridad y un equilibrio de pensamiento y emociones que admiro profundamente. ¡Qué gran suerte haberla conocido! Una vez más, la vida te ofrece tantas oportunidades (cuando queremos aprovecharlas, claro…).

De Sonia también os he hablado… ahora tiene 45 años y, al igual que ocurrió con Sami, un buen día, después de casi veinte años de relación, su pareja comenzó a mostrar comportamientos extraños, impropios de él, rozando la tristeza y la depresión…

Poco después Sonia pudo confirmar que existían ciertas "influencias externas" (qué puñeteras….)

que en uno de esos momentos de debilidad y crisis de pareja sacaron sus mejores armas y lograron dar carpetazo a esos veinte años…

Sonia tiene su propia empresa y también su independencia económica (¿os he dicho ya que esto es esencial para tomar las riendas de tu vida?) por lo que ha podido iniciar su nueva etapa sin dependencias innecesarias…. En su caso la ruptura fue bastante más dolorosa por lo imprevista y apresurada, pero puedo confirmaros que hoy está recuperada, es una de las que más chispa y jugo le saca a todo… Muchas de mis grandes carcajadas se las debo a ella.

Pero sigamos con la panda, que aquí hay para todos los gustos….

Le toca el turno a Joanna, mi amiga argentina que acaba de cumplir 42 años, un puntazo toda ella.

La conocí hace siete años, cuando Joanna llevaba unos cuantos separada tras finalizar una relación de diez. Entonces ya estaba totalmente recuperada, hasta que apareció otro "ejemplar masculino" en su vida con el que mantuvo una relación de dos años de convivencia haciendo todo tipo de planes de futuro…

Un buen día todo terminó con un escueto email que él envió a Joanna tras haberse llevado sus cosas de casa mientras ella no estaba…. Y cuando digo "escueto" es porque fue literalmente una frase en la que sugería no sacar los billetes para las próximas vacaciones, porque le venía un poco mal… Y nunca más se supo…

Si le veis, por favor decidle que haga el favor de sacar su equipo de música del garaje, que los vecinos están que trinan….

Joanna también tiene su propia empresa, ubicada en Argentina, aunque ella vive en Madrid, donde se encuentra más a gusto… No me extraña, con la panda de locas con las que ha topado….

Para terminar con las de este primer grupo se encuentra Raquel, de 39 años, es mexicana y la conocí a través de Joanna durante un viaje que nos hicimos las tres por Escandinavia. De nuevo fue otro hallazgo personal.

Raquel está separada desde hace seis años, cuando decidió también que su relación hacía muchas aguas, y cada día la tristeza que le invadía se hacía más insoportable. Así que un buen día agarró las pertenencias de su casa conyugal en México y salió en busca de otra vida, o mejor dicho, de la suya propia.

Por aquel entonces había dejado de trabajar, aunque siempre había desempeñado puestos de responsabilidad en grandes multinacionales, por lo que, a través de su red de contactos y mucha perseverancia, en menos de seis meses estaba retomando su trayectoria profesional.

Como su mejor amiga Joanna estaba a punto de trasladarse a Madrid y ella necesitaba un cambio de aires, solicitó un destino europeo en la empresa (sin muchas esperanzas de que justamente le concedieran Madrid). Pues bien, por casualidades de la vida (o lo que yo considero recompensa a nuestro esfuerzo de ser coherentes y buscar lo mejor para nosotros) resulta que en la delegación de Madrid se quedó una vacante al mes de entregar su solicitud, y Raquel ya lleva dos años con nosotras.

Raquel es sin duda una fuente de inspiración y tiene una forma peculiar y profunda de analizar la vida. Como buena financiera, intenta extraerle el máximo rendimiento a todo lo que hace y encontrar una explicación incluso a lo que parece no tenerla.

Con ella las disertaciones filosóficas y de vida se hacen entrañables, solemos cerrar los restaurantes dejando que nuestro corazón hable y nuestra mente intente comprenderlo…. Todo un lujazo.

Bueno pues, hasta ahora os he presentado a Sami, Sonia, Joanna y Raquel, mis amigas del "Grupo A", que distingo de las del "Grupo B" por cómo las conocí y las aficiones y actividades que realizo con unas y otras.

Al "Grupo B" lo conocí a través de una de mis aficiones favoritas: el pádel. Así conocía a Isabel, de 44 años, y enseguida supe que íbamos a congeniar con mucha facilidad… Es la única que está casada y la más enérgica y activa, sin duda… Organiza y propone actividades de todo tipo, incluidos viajes en los que no cesamos de reírnos con su sagacidad y deliciosa osadía…Tiene su propio negocio y sabe compaginar estupendamente vida conyugal, familiar, profesional y de amistad, y además le da tiempo a dormir la siesta…. ¡Admirable! Yo me agoto solo de observarla …. Como todas las demás, también ella tiene sus momentos frágiles y llenos de dudas… ¿Qué esperabais?

Viviana es la siguiente de esta segunda rueda… Tiene 46 años y es todo un personaje. El brillo de sus ojos delata un sufrimiento reciente, pero su sonrisa y su chispa consiguen compensar cualquier asomo de melancolía y despiertan una ternura que hace difícil no quererla desde el primer momento de conocerla.

Por desgracia, Viviana se encuentra en un momento muy frágil tramitando su divorcio tras veinte años de relación con un hombre que también es 20 años mayor que ella…

Su vida dio un giro de 180 grados cuando tras la repentina muerte de su hermano y el proceso de duelo que atravesó, comenzó a replantearse su existencia, a mirar a su alrededor con el corazón… Y fue entonces cuando se dio buena cuenta de la permanente infelicidad con su pareja, a la que intentó acudir en busca de apoyo en esos momentos y solo se encontró con un bloque de hielo que le dio con la puerta en las narices cuando propuso un replanteamiento de la relación…

Ahora, y tras un año de separación, continúa con la herida abierta, pero ganas de luchar no le faltan y cuenta con un buen elenco de amigas que intentamos darle todo el calor que hacía tanto tiempo no recibía. Debo decir que Isabel ha jugado un papel esencial en su recuperación, no la ha dejado ni a sol ni a sombra, ni de día ni de noche.

El cariño, cuando sale del corazón, no tiene límites, y los efectos son inimaginables….

Marta, de 39 años, es otra de las integrantes de este fantástico equipo… En mi vida he visto una actitud de optimismo tan contundente, un sentido del humor tan sagaz y unas reflexiones tan bien expresadas. De verdad que estar a su lado te renueva por dentro y te colma de buen sabor de boca.

Ejecutiva de una gran multinacional, no cesa de viajar por todo el mundo, su *planning* semanal está formado por un fajo de hojas de papel que siempre lleva en su enorme bolso y en ellas hay un montón de recuadros de colores indicando cada uno de ellos una actividad en un lugar distinto del planeta. ¡Incluso a cada una de nosotras nos ha asignado un color! Y cuando le proponemos algo siempre nos dice, : "recordad que llevo mi planificación por colores y me tengo que organizar!". Es tronchante.

Tras terminar hace tres años una relación de convivencia con su pareja que no acabó demasiado "pacíficamente" ha ido viviendo historietas cortas. Ninguna ha sido hasta ahora lo suficientemente seria y reconfortante como para salir a flote.

La verdad es que últimamente tropieza con cada elemento... y siempre termina acudiendo a nosotras para que le hablemos con realismo y dureza, porque a veces su deseo de estar acompañada le impide ver los abismos que se avecinan y de los que luego cuesta demasiado salir…. Es un cielazo, pero carne de cañón para algunos desalmados que van demasiado a lo suyo….

Por último está la "Tía Mabel". La mayor del grupo. Se quedó viuda hace cinco años, cuando tenía 60, y fue durísimo para ella levantar el golpe.

Si vierais ahora cómo disfruta de cada instante de la vida, cómo insiste en que lo más importante es poder reír y compartir grandes momentos con personas que te quieren… Si supierais cómo baila y canta, lo poco que duerme, la vitalidad que tiene, viviendo como si el día de hoy fuera la última bocanada de aire (¡bueno, y de nicotina, porque fuma como un carretero….!). Sus palabras son bálsamos para el alma e inyecciones de optimismo y buena onda…

Bueno, y ya solo me queda hablar de una reciente incorporación, mi queridísima Sara, del club de pádel, aunque ella coincide más con las actividades que realizo con el "Grupo A".

Sara es… ¿guapa? No. Espectacular. Por fuera, desde luego, pero por dentro muchísimo más.

A sus 42 años acaba de escapar de otra relación conyugal de lo más tortuosa, y se encuentra en pleno pulso contra su ex pareja por el tema de los hijos, dos chavales de 16 años que están sufriendo los trastornos y desequilibrios del padre, mientras ella va parando como puede los golpes….

En nosotras encuentra (¡y nosotras en ella!) un remanso de paz y buen rollito, unos momentos para desahogarse hablando, riendo o bailando y, en definitiva un lugar donde reponer fuerzas y lamerse las heridas sin ser juzgada….

Bueno, queridas amigas, pues este es mi mundo, mi vida, la tela de araña que me he ido tejiendo poco a poco a base de rodearme de personas con las que merece la pena compartir momentos (¡cuidado que no todo el mundo vale para eso!)…

Qué importante son las amistades…. Y qué importante es tener buen criterio a la hora de seleccionarlas….

Todas estas encantadoras mujeres son las que me dan la vida y me hacen sentir llena, feliz, centrada y firme allá donde vaya…

Aunque todas nos tambaleamos de vez en cuando (y quién no…) Me siento muy afortunada. Para mí es un auténtico honor estar viviendo esta experiencia de vida, que me reta a diario a aprender de mis momentos de soledad y poder conocerme a mí misma, enriquecerme y aprovechar al máximo la compañía de los demás…

En definitiva, esto es todo un lujazo. Os invito a que experimentéis conmigo las sensaciones que estoy teniendo la suerte de vivir….

¡AY…. LAS NOCHES!

¡¡¡Vacacioneeeeeeeeeeees!!!! ¡Nos vamos a Sudáfrica! ¿Pero cuándo? ¡Ah! ¿En septiembre? Es que Sami no puede tomarse vacaciones antes… Ufff, ¡Cuánto queda todavía!

Bueno pues, para que no se nos haga tan largo el verano, decidimos escaparnos una semanita en el mes de julio al sur de España, alquilar un chalecito e invitar unos días a las chicas del grupo A y otros a las del Grupo B… ¡Menuda vamos a liar!

Dicho y hecho. Sami y yo nos ponemos manos a la obra y comenzamos a organizarlo todo…

Decidimos quedar a cenar esa misma noche con las chicas del Grupo A para contarles los planes. Emocionadas con los proyectos de verano, acordamos ir a tomar una copa y echar unos bailes en uno de los sitios de moda, esos donde solo ves a guapos y guapas que de lejos parece que tienen una vida perfecta y todo les va de maravilla, y cuando cruzas dos palabras con ellos, piensas: "No puede ser… no pueden ser tan estúpidos. En cinco minutos me han contado toda su vida: el puesto de trabajo que tienen, el coche que se acaban de comprar y lo que se han gastado en el último restaurante donde han ido a cenar… ¡Socorro! ¡La conversación no da para más!"

Chicas, de verdad, ¿no os pasa a vosotras? Pues nosotras llevamos unos cuantos añitos saliendo después de cenar a tomar la copita de rigor y bailar un rato y jamás hemos conocido a nadie que merezca la pena en esas ocasiones…

Y sí, es verdad, a veces nos dejamos engatusar y cuando conocemos a alguien empezamos a crear unas películas románticas dignas de la mejor productora de Hollywood. Pero la realidad es otra bien distinta y… ¡hay que saber reírse de ella! Seguro que vosotras también habéis dado con verdaderos ejemplares que más bien deberían estar encerrados en jaulas con los orangutanes….

Recuerdo una vez que estaba yo con Sami y se acercaron dos hombres, bastante guapos debo admitir, y comenzamos a entablar una conversación que al menos daba pie para continuar más de cinco minutos, lo cual para nosotras era todo un triunfo… Seguimos conversando y decidimos cambiar de sitio e ir a otro lugar a bailar un rato… Todo iba sobre ruedas, sobre todo porque no intentaron lanzarse a nuestra yugular, como suele ocurrir en cuanto les das un poco de coba…

En fin, Roberto, el que charlaba conmigo, comenzó a decir que quería volver a verme, que al día siguiente quedábamos sin falta, que el fin de semana teníamos que ir a comer a este sitio, que aunque no vivía en mi ciudad, sino en Valencia, venía mucho aquí y quería de verdad que nos conociéramos más….

Me contó también que era dueño de una agencia de publicidad y que tenía mucha flexibilidad para moverse, por lo que eso facilitaría las cosas… En fin, que un poco más y terminamos eligiendo el lugar de celebración del banquete de bodas….

Y bien, tras despedirme en la discoteca de turno y llegar a mi casa, Roberto se pasó enviándome mensajes al teléfono móvil casi toda la noche, cual Romeo en pleno ataque de pasión poética… incluso me llamó por teléfono a muy altas horas y tuve literalmente que colgarle porque no se callaba…

La verdad es que…. como en el fondo una aún conserva algo de romanticismo, no podía dejar de oír una vocecita interior que decía : "y si fuera cierto todo lo que ha dicho?"…

Menos mal que ese ensimismamiento solo suele durar unas pocas horas más, hasta que llega el día siguiente, y la realidad vuelve a traerte a la tierra.

Porque llegó el día siguiente, y el siguiente, y el otro, y nada, que el móvil no sonaba ni por equivocación…. Primero no comprendes nada, porque piensas: "el caso es que parecía tan sincero, y me miraba de una forma…". Y después te enfadas contigo misma por haber sido tan tonta de tragarte esos cuentos que te soltó aquella noche…

Pero un buen día recibo un mensaje en mi teléfono móvil que dice: "Soy Roberto, no vivo en Valencia, no tengo una agencia de publicidad y estoy casado, pero me gustaría verte. ¿Puede ser?"

A lo que yo inmediatamente respondí: "No sé a lo que te dedicarás, pero te recomiendo que te plantees el cine, porque el Óscar te lo van a dar seguro. ¡Capullo!"

Chicas, me quedé de piedra. Para que veáis hasta dónde pueden llegar con tal de engatusar a alguien, y eso que Roberto por lo menos tuvo su momento de sinceridad, pero los hay que siguen engañando hasta que te tienen bien enganchada….

Comprobado: cuando un hombre dice que llama y no llama, cuando propone planes que no incluyen el fin de semana o cuando la intensidad de su comunicación se desvanece al día siguiente… No le deis más vueltas: tiene pareja. Lo hemos comprobado todas y cada una de mis amigas unas cuantas veces, os lo puedo asegurar.

Mi amiga Joanna, la chica argentina, comenzó a salir con un tipo que juró y perjuró no estar en pareja, y a los tres meses Joanna descubrió que estaba casado porque los dos tenían su cuenta corriente en el mismo Banco, y el director de la sucursal (que por supuesto quería ligar con Joanna) le reveló su estado civil inmediatamente después de encontrárselos juntos una noche...

¿Qué cómo no se enteró Joanna antes? Porque... chicas, cuando ellos quieren... lo saben hacer de maravilla. Es cierto que la mentira no puede durar mucho, pero lo suficiente para provocarte cierto enganche y hacerte sentir luego como una verdadera idiota. ¡Vivan los valores y los principios!

Está claro: lo mejor es salir a divertirse con los amigos y punto. Sí, sí, ya sé que a las mujeres nos gusta ponernos guapas, esmerarnos ante el espejo y a veces algunas tendemos a imaginarnos que en ese sitio de moda, en esa fiesta a la que nos han invitado o en esa cena de gala va a estar ese hombre maravilloso esperándonos... Ese guapísimo caballero que se va a fijar en nosotras y nos va a deleitar con una conversación interesantísima, unas atenciones propias de la alta nobleza y unas miradas penetrantes e intensas que hacen que te suban los colores en un santiamén…

Pero resulta que pasas noches y noches hablando con unos y con otros, y muchas de esas noches vuelves a casa decepcionada porque nadie te ha respondido ni te ha mirado como esperabas. Los que han conversado contigo iban demasiado "directos al grano", y ese otro en el que te habías fijado, o bien se ha marchado el primero, o si te ha dirigido la palabra lo único que te ha provocado son ganas de salir corriendo…

Ayer Raquel, mi amiga mexicana, estaba bailando en la pista cuando de pronto sintió una mano masculina que la rodeaba por la cintura… Acto seguido y antes de que pudiera reaccionar, apareció la que debía de ser la novia del cuerpo al que iba unido esa viril mano, le tiró del brazo mientras lanzaba una mirada asesina a mi amiga y entre ellos comenzaron a tener una bronca que se oía por encima de la música… –¡Vivan los novios!– gritamos todas al unísono…. Y muertas de risa nos fuimos a pedir otra copa alegrándonos de no ser una de esas parejas…..

Pero no os lo perdáis, en uno de nuestros múltiples viajes a los servicios femeninos que siempre hacemos de dos en dos… nos cruzamos con uno de mis últimos "ex amigos con derecho a roce"… quien enseguida me lanzó otra de sus miradas de hombre digno y despechado, y muy ufano me soltó: –¡Hombre Sandra, qué guapa estás! La verdad es que las chicas que no intentáis disimular el paso del tiempo con inyecciones de esas, tenéis una personalidad en la cara que resulta de lo más atractivo!!– A lo que yo inmediatamente respondí: –¡Igual que los que no intentáis esconder la calva con implantes de pelo ni la barriga con terapias intensivas de gimnasio. ¡Hasta parecéis interesantes!

¡Pero cómo se puede ser tan torpe! ¿Veis a lo que me refiero? ¿Esto es lo más ocurrente que puede decir un hombre?

Ese fue uno de los momentos en que más me alegré de haber roto con él. Acto seguido, me marché con Raquel al servicio, donde empezamos a troncharnos de risa…

¡Ay los servicios para chicas!... La verdad es que son para pasarse un buen rato observando… Allí se escuchan conversaciones de todo tipo… Bueno no, de todo tipo no, porque desde luego de Shakespeare no se habla… En mi opinión, las conversaciones de los servicios resultan dignas de comentar, o mejor, de olvidar...

La mayoría se centran en si Fulano me ha dicho tal o cual cosa, si estaba mirando a otra, si tiene novia pero no le va bien y a ver si rompe de una vez, que dónde te has comprado el bolso o esos zapatos, que qué bien te va esa barra de labios (aunque te quede espantosa….) Y todo ello mientras asistimos a un curso de maquillaje en toda regla para intentar llamar la atención al máximo y lograr que la víctima de turno se fije en nosotras…

¿No os parece un poco triste? A mí me produce una sensación como si estuviera en un escaparate donde todas compiten entre sí para destacar al máximo y ser el blanco de todas las miradas….

De verdad que en no pocas ocasiones he salido de algún servicio de señoras totalmente desmoralizada, pensando: "si a esto se reduce todo" yo no tengo nada que hacer en este mundo….

Pero de nuevo, tras salir de ese horrible cuarto de baño y volver al encuentro con el resto del grupo, me sentí arropada, rodeada de personas que me querían y me comprendían… que hablaban mi mismo idioma.

Muchas veces con estas personas no necesitas hablar para que sepan cómo te sientes, simplemente con una mirada o una caricia ya está todo dicho…

Afortunadamente y con el paso de los años, he ido aprendiendo a valorar estas cosas… Ahora salgo para disfrutar de la compañía de mis amigos sin pensar ni esperar nada más… Y desde hace mucho, mucho tiempo no ha habido una sola velada en la que no me haya llevado cosas positivas y un muy buen sabor de boca…

Cada vez soy más consciente de que lo único que tenemos es nuestro aquí y ahora, y creo que todas podemos y debemos aprender a sacar el máximo partido de lo que nos rodea.

¡Cuántas noches me habré ido a casa sintiéndome desgraciada por no haber conocido a nadie o porque este o el otro no me han hecho caso….!

¡Y cuántas veces me he ido contentísima por haber "conquistado" y porque alguien se ha fijado en mí! Y después he soñado toda clase de historias con esa persona a la que apenas conocía y que yo ya había decidido que podía ser el "hombre de mi vida"…

Sin duda es un gran error otorgar a otro el poder de hacerte sentir de tal o cual manera o, en definitiva, de influir en nuestro estado de ánimo. Estamos poniendo nuestras emociones a merced de las circunstancias pero, las emociones y los sentimientos son lo más preciado que poseemos, y no debemos olvidar que solo nosotros podemos dirigirlos hacia donde queramos que vayan.

Basta con dedicarse a extraer de cada momento y de cada persona aquello que nos llena y nos enriquece, y recordar una y otra vez esos detalles cuando estamos solos, porque son los que nos producen las buenas sensaciones y nos llenan de ganas de seguir adelante…

En mi opinión, tan perjudicial es sentirse triste por no gustar, como alegre por haber conquistado a alguien… Es cierto que a todos nos complace sentir que alguien está pendiente de ti… A nadie le amarga un dulce… Pero de ahí a dejar que tu estado de ánimo se base en eso… ¡hay un mundo!

Creo que tenemos la obligación de conversar con nosotras mismas y educar a nuestra mente para que no nos juegue malas pasadas… No debemos basar nuestros pensamientos, que al fin y al cabo son los que disparan nuestras emociones, en cosas que no tienen valor o en percepciones equivocadas de la realidad….

¿Y lo maravilloso que es reírte de todo con tus amigas? ¿O poder contar lo que te preocupa y que todas saquen sus conclusiones y te demuestren, en la mayoría de los casos, que aquello que a ti te parece un mundo solo es una nimiedad?

Haced la prueba: Contad a una amiga algo que a vosotras os haya producido un apuro tremendo y os haya hecho sentir un ridículo espantoso… Ya veréis la respuesta que obtenéis, ya veréis cómo de pronto, al sacarlo fuera, ese sentimiento de apuro que tanto tiempo llevabais dentro se desvanece como la espuma….

En serio, queridas amigas, creo que todo se basa en saber rodearse de las personas adecuadas. Porque no todas las "amistades" merecen que les dediques tu tiempo o tu cariño. Existen verdaderos parásitos disfrazados de corderitos que, sin darte cuenta, pueden hacerte mucha pupa. Suelen ser personas manipuladoras que tienen una capacidad extraordinaria de escucha y una empatía sin límites. Saben "leerte" de maravilla y pronunciar la palabra exacta en el momento justo. Son tremendamente absorbentes pero, cuando dejas de serles útil, no tardan ni dos minutos en desaparecer… o sustituirte.

Me parece que la mayoría de nosotras hemos conocido a alguien así. Y lo peor es que una no se da cuenta de lo que sucede, a pesar de lo que te intenten aconsejar las personas que te quieren.

A Sonia le ocurrió algo parecido hace poco … menos mal que ahí estuvimos todas muy rápidas para evitar que la catástrofe pasara a mayores...

En su gimnasio, Sonia conoció a una chica, Mercedes, con la que congenió enseguida y en breve la incorporó al grupo. Parecía sentirse muy a gusto con ella. Las dos se reían y decían que parecían "novias" porque hablaban varias veces al día, contándoselo todo.

Sonia nos comentaba que Mercedes estaba casada pero estaba muy "colada" por otro amigo que tenían en común del gimnasio, que era más amigo de Sonia. Así que, dicho y hecho. Mercedes consiguió que Sonia organizara planes en común, y se convirtiera en confidente de los dos. A pesar de que Sonia no estaba nada de acuerdo con lo que hacía Mercedes y se lo decía constantemente, Mercedes no paró hasta lograr su objetivo, y a partir de entonces quitó de en medio a Sonia de un plumazo y comenzó a ocultarle cosas porque sabía cuál iba a ser su respuesta.

Por supuesto las mentiras de Mercedes se sucedían una tras otra hasta que, tras contárnoslo a todas, Sonia comenzó a abrir los ojos. Entonces decidió empezar a comportarse igual que ella, es decir, con la misma falsedad, diciendo solo lo que Mercedes quería escuchar. Así pudo ver con claridad lo que Mercedes era capaz de hacer, cómo podía llegar a manipular a los demás en su propio beneficio, incluso echando unas lágrimas de cocodrilo en algún momento si hacía falta, engañando a Sonia y a sus seres queridos, y en definitiva manipulando hasta ver cumplidas sus expectativas.

Mercedes tenía una gran empresa y Sonia la acompañaba a sus comidas de negocios, porque Sonia, con su elegancia y don de gentes, se llevaba a todos por delante, y la verdad es que daba mucho juego. Mercedes le prometía que eso iba a ser muy bueno para ella, que iba a conocer a un montón de gente, en fin, que casi en el fondo le hacía un favor.

Mercedes propuso crear un negocio juntas, para el que Sonia, muy preparada profesionalmente, dedicó mucho tiempo y esfuerzo en el estudio de su viabilidad. Se marchó de viaje con Mercedes a la otra punta del mundo ofreciendo sus conocimientos del sector y, por supuesto, su tiempo....

Afortunadamente el negocio no prosperó, pero nunca hubo ni siquiera unas palabras de agradecimiento (por no hablar de remuneración), y en cuanto se vio que aquello no saldría adelante, el interés de Mercedes por Sonia se desvaneció.

En fin, chicas, me parece que la lección está clara, hay que saber elegir a las personas de las que rodearse, y tener la mente fría para rechazar a aquellas que nos pueden perjudicar y hacernos daño…

Se trata de hacernos la vida más fácil, que ya nos tocará sufrir en algún momento por algo que no dependa de nosotras… Pero mientras esté en nuestra mano, debemos procurarnos una vida saludable y plena, y rodearnos de personas que nos ayuden a lograrlo.

CRISIS. AYUDA, POR FAVOR....

Llamada de emergencia de Viviana: necesitamos hacer una reunión de crisis urgente con el Grupo B: Marta se acaba de enterar que su "Ex", el que no quería casarse nunca, se ha casado hace cuatro meses.... ¡Rápido, a todas las Unidades! ¡Código Rojo! ¡Es una emergencia!

Empezamos a enviarnos unas a otras mensajes al móvil para organizar estrategia de salvamento... Tenemos que evitar el desplome de Marta y quitarle hierro al asunto... decidimos reunirnos todas en el punto de encuentro a las nueve de la noche. ¡Preparad argumentos!

Pues sí, amigas estas cosas siguen doliendo, aunque una haya rehecho su vida y esté disfrutando de mucha más serenidad y paz que la que conseguía con su pareja... se sigue sintiendo triste por dentro y en cierto modo fracasada....

¡Hasta que llegamos las amigas al rescate y le damos la vuelta a todo!

Y así sucedió. A las nueve en punto nos reunimos todas en el bar de siempre, y allí estaba Marta, con los ojos como dos cebollas y sin mediar palabra. ¡Marta! ¡La optimista! ¡La que siempre tiene

la frase perfecta para sacarle el lado positivo a todo!
¡Se había quedado sin habla! ¡Eso sí que no se podía
permitir!

Y allí empezamos una tras otra a abordar el tema
con mucha sutileza para intentar aliviar todo ese
dolor que llevaba dentro…

Pero, ¿sabéis qué? Ella solita, al sentirse tan
arropada y comprendida, empezó a contar, sin que
nosotras hiciéramos ningún esfuerzo, todo lo que
estaba pasando por su mente y su corazón en esos
momentos… Y ella solita se fue dando cuenta de
que lo que realmente le dolía no era no poder estar
con esa persona, o no ser la chica "elegida"….

Poco a poco comenzó a recordar anécdotas de
cómo era su vida en pareja… Empezó a rememorar
los sentimientos de angustia que la invadían una y
otra vez cuando intentaba ser ella misma y
compartir su tiempo con las amigas, algo que él no
soportaba… Comenzó a analizar la vida que tenía
ahora, llena de todo ese cariño y comprensión de
muchas personas que no le pedían nada a cambio, y
de esa libertad de poder expresarse y decir lo que
opinaba en cada momento…

Y poco a poco su cara fue cambiando… La
serenidad volvió a asomar a sus ojos, la paz y la

tranquilidad modificaban su rostro. La sensación de alivio que se obtiene al pensar: "estoy orgullosa de mí, estoy donde debo estar" le fue invadiendo de nuevo… y así nos lo expresaba.

Se dio cuenta de que lo que le había producido ese dolor había sido la forma inesperada de enterarse, por terceras personas y por casualidad.… Eso fue lo que le hizo sentir insignificante y muy herida.

Y también se dio cuenta de que ni por lo más remoto cambiaría la vida que estaba llevando ahora por la que pudo tener en el pasado con esa persona.

Al cabo de un rato, una gran sonrisa se dibujaba de nuevo en su cara. Sus frases tan típicas e ingeniosas iban saliendo de su boca…

Lo había conseguido: había cerrado ese capítulo y había pasado página. ¡Hurra!

Esos son los grandes momentos a los que me refiero cuando hablo de la vida sin pareja. Resulta que tienes una diversidad enorme de fuentes de cariño y comprensión que tú misma has elegido voluntariamente y que no te piden nada a cambio (¡si has elegido bien, claro!). Y te sientes más arropada y querida que cuando tuviste esa pareja con la que no te entendías y que te hacía sentir tan sola….

Así que, tras una botella de vino y unas cuantas risas finales, nos marchamos todas a casa con buen sabor de boca…

Aunque a la pobre Marta no le duró mucho la alegría… Hay días que es mejor quedarse en casa… Nada más coger el coche para regresar notó que se había pinchado una rueda… Eran las doce de la noche y hacía un frío de nieve….

Menos mal que iba con Viviana, y mientras esperaban a que vinieran los de la compañía de seguros a hacer el cambio de ruedas (¡no pensaréis que la iba a cambiar ella, con el día que llevaba!) a Viviana se le ocurrió meter su coche en el túnel de lavado (¡a las doce de la noche!)

Acto seguido yo, que estaba ya en la cama, empecé a recibir fotos en el teléfono móvil de Viviana y Marta en el lavado de coches, Viviana y Marta muertas de risa con un señor vestido de azul y una linterna en la cabeza posando para la cámara… Yo no entendía nada hasta que me lo explicaron… De verdad chicas, ¡me costó conciliar el sueño del ataque de risa que me entró al imaginarme el panorama!

Son geniales. Incluso después de un día tan perro como ese siguen riendo y compartiendo sus risas con nosotras.

De nuevo, ¿veis a lo que me refiero?. Así es imposible sentirse sola o triste, porque sabes que tienes a un pelotón de combate dispuesto a darlo todo si lo necesitas...

Al día siguiente nos enviamos todas un mensaje para comprobar que todo iba bien, y nos fuimos a trabajar... sonriendo....

Pero claro, no es fácil que sonriamos todas al mismo tiempo... En eso consiste formar parte del equipo....

Me acaba de llamar Sami bastante enfadada.... Mientras nosotras estábamos ayer consolando a Marta, se supone que Sami estaba en una cita con un hombre al que había conocido hace poco y que realmente parecía gustarle... ¡Yo estaba contentísima porque Sami llevaba tanto tiempo sin que ninguno pareciera interesarle!

Pues bien, se habían visto ya un par de veces y todo parecía ir sobre ruedas, o al menos él aún no había dado señales de desaparecer...

Debo confesar que a veces podemos parecer arrogantes, pero es que, últimamente damos con cada uno…

En fin, que el chico de Sami mostraba mucho interés, muy buenos modales, caballerosidad, atención, sentido del humor, ternura… En definitiva, un cocktail de lo más atractivo.

Habían hablado el día anterior y habían acordado ir a cenar al día siguiente (es decir, ayer). Por lo visto, solo se quedó en eso, en un plan…. Pasaron las horas del día, Sami llamó para concretar y no obtuvo respuesta… y solamente A LAS ONCE DE LA NOCHE, Sami recibía un mensaje bastante escueto en su teléfono móvil que decía: "En el Mc Auto, comprando mi cena… vaya horas…".

Detesto recurrir a los mensajes en situaciones como esta en lugar de llamar por teléfono y dar un poco la cara… o la voz… ¡Y ni siquiera en el mensaje había una disculpa ni un aviso con antelación para que Sami se pudiera reorganizar la tarde!

Cuando vivo o escucho situaciones así compruebo con tristeza que se han perdido los valores.

Sí, sí, lo de la tecnología está muy bien para ciertas cosas, pero es que hemos llegado a un punto en que se utiliza de tal forma que tira por tierra los modales más elementales que debe tener un ser humano.

Y ahí se quedó mi amiga, compuesta y sin cita. Le pregunté por qué no nos había llamado al menos para desahogarse, pero me respondió que mejor que no la hubiéramos escuchado…. Estaba de un humor de perros.

No puede ser casualidad que seamos diez mujeres sin pareja, a pesar de nuestra intensa vida social. Todas vamos viviendo nuestras anécdotas con los hombres, y ni una sola historia ha cuajado en los últimos cuatro años. Un poco raro, ¿no?

Joanna, por ejemplo, acaba de romper con un hombre con el que llevaba unos meses de relación, aunque muy intermitente tengo que decir… En este caso, debo reconocer que se veía venir todo lo que sucedió después y, a pesar de nuestras advertencias, Joanna seguía adelante explicando que "su atracción por ese hombre era demasiado fuerte"…

Ahora os cuento la historia, pero, solamente como planteamiento, ¿creéis que se pueden controlar los sentimientos? ¿Hasta qué punto se puede imponer la razón sobre el corazón?

Veamos lo que le sucedió a Joanna.

Hace unos meses conoció a Tomy, un chico de lo más atractivo físicamente, debo admitir, y con el que, por lo visto, la química se multiplicaba exponencialmente cada vez que se veían.

Comenzaron a verse unas cuantas veces y la chispa saltaba a la legua… Aún así, Tomy parecía no querer involucrarse demasiado, y muchas veces ponía excusas para posponer su encuentro, pero Joanna seguía "enganchándose" cada vez más. Sin embargo, cuando se veían de nuevo, Tomy no se mostraba distante, sino, más bien al contrario, se deshacía en atenciones y cariños, aunque cuando se terminaba el encuentro y se distanciaban, él cambiaba de forma radical.

Poco a poco él comenzó a explicar que tenía una hija fruto de una sola noche de pasión que vivió hace 14 años. No obstante, también existía otra "Ex" que, si bien al principio Tomy aseguró tenerla totalmente olvidada, Joanna comenzó a comprobar que no era así. Por lo visto, esta última novia se había hecho muy amiga de la hija de Tomy y la acompañaba a todas partes, incluidas las clases de yoga "bicram" que era donde iba Joanna y donde, de hecho, le había conocido a él.

Ante todas estas alarmas que a nosotras nos parecían tan evidentes del peligro que estaba corriendo Joanna, decidimos advertirla, pero los sentimientos de ella iban desbocados y no podía resistirse a verle cada vez que él se lo proponía.

El pasado sábado por la noche, fuimos todas a cenar y a ver un concierto de música en directo tras la cena. Joanna vino literalmente hecha un trapo. Había roto con Tomy porque él le había reconocido que su Ex "le estaba causando más interferencias de lo que esperaba"… ¡Qué forma más diplomática de decir que había estado jugando a dos bandas y que nunca pensó en acabar con esa relación!

Para las demás estaba cantado, pero para la que se involucra emocionalmente, es más difícil admitirlo.

No obstante mi planteamiento es: ¿Desde qué momento llegamos a un punto en que nos perdemos totalmente y nos metemos de lleno en la boca del lobo? Desde luego, no desde el principio ni muchísimo menos, más que nada porque no conocemos a la persona y, por mucho que nos guste, no podemos sentir hacia ella nada más que las fantasías que queramos construirnos en nuestra propia cabeza.

Es aquí donde entra en juego nuestra necesidad de afecto. A veces tenemos tantas ganas de querer y que nos quieran, que en cuanto se cruza alguien en nuestro camino que aparentemente nos dedica algo de atención, le empezamos a colmar de una serie de atributos y cualidades que ni siquiera sabemos si las tiene o las ha conocido nunca, pero nosotras ya hemos decidido que es el hombre ideal y le entregamos la llave de nuestros sentimientos sin más.

Perdonad, pero creo que es nuestro deber cuidarnos y protegernos. Como habréis podido observar y experimentar, hay mucho desalmado disfrazado de corderito que solo piensa en sí mismo y es capaz de todo con tal de satisfacerse.

Sé que algunas podéis estar pensando: "¡Qué fácil es decirlo! ¿Cómo se protege una y evita no caer en la red de esta clase de seres?"

Pues llenándonos la vida de cosas que nos satisfagan; rodeándonos de personas que nos aporten, aferrándonos a cada momento vivido y disfrutándolo como si fuera el último; realizando actividades saludables, creativas, gratificantes. En definitiva, trabajando por y para una misma.

Debemos averiguar lo que realmente nos gusta hacer y enfocarnos en ello todo lo que podamos. Porque es en esas actividades donde una va conociendo a gente con las mismas afinidades, y con algunas personas resulta fácil conectar y ampliar el círculo.

No he dicho que sea sencillo, y mucho menos al principio, pero sí es posible lograrlo. Os aseguro chicas, que cuando se alcanza el punto de equilibrio con una misma, se viven momentos de plenitud inimaginables, porque nos hemos convertido en nuestras mejores amigas. Y esos cimientos ya no son tan fáciles de derribar.

Además, insisto, no creo que estar bien sea solo un derecho sino que además es nuestra obligación. Si colocamos nuestro bienestar en manos de otro, tenemos muchas papeletas para ser desgraciadas.

En esta ocasión yo me enfadé un poco con Joanna, porque no es la primera vez que se deja engatusar tan fácilmente, y siempre le terminan rompiendo el corazón. Así que en la mitad de la conversación le dije: —Pero… a ver Joanna… ¡no te puedes pasar media vida llorando por los hombres!

¡Que te lo estás perdiendo todo y son tus mejores años! Si no empiezas a aprovecharlos ya, dentro de unos años, cuando cumplas 50, desearás tener 40 y cuando cumplas 60 desearás tener 50, ¡porque no te has enterado de cómo los has vivido!…

Perdonad chicas, pero es que a veces no puedo controlarme.

Es como cuando oigo que alguna se ha enganchado con un hombre casado…. ¡Ay los hombres casados! ¡Deberían vivir en un planeta aparte! Son los que más ávidos están de carne fresca, los que más tablas tienen a la hora de seducir, de conquistar y de hacerte sentir el centro del universo, y los que más daño te hacen cuando te caes desde lo más alto y compruebas lo que realmente significas para ellos….

¿Por qué lo sé? Porque cuando tenía 25 añitos a mí también me engatusaron… ¡Menos mal que logré escapar a tiempo!

Era un italiano que conocí en mi anterior trabajo… casado y encima italiano… ¡Para qué queremos más!

En realidad no duró mucho, solo unos cuantos encuentros esporádicos en sitios idílicos para cenar y bailar…. pero debido a cómo se sentía mi corazón cada vez que desaparecía y había un silencio sepulcral hasta el próximo encuentro (una tortura absoluta) decidí dar carpetazo al asunto, y ahora sé que es una de las mejores decisiones que he tomado en mi vida.

Los casados suelen aparecer y contarte una historia tristísima sobre su matrimonio y su vida diaria, y en la mayoría de los casos te dicen que están a punto de separarse y te piden solamente que les escuches, mientras te van colmando de atenciones…

De verdad chicas, no paro de ver cómo actúan estos maestros de la seducción, y de escuchar historias de relaciones extramatrimoniales, de ellos y de ellas. Esta clase de relaciones son destructivas cien por cien. Te impiden vivir en paz y desarrollarte como persona.

Huid, huid a toda velocidad si se os presenta alguna ocasión de caer en una de ellas.

Os lo dice una amiga….

REENCUENTROS… ¡¡¡SOCORRO!!!

¡Horror! Este fin de semana me he encontrado en uno de los sitios adonde solemos ir a bailar con el hombre con el que decidí romper hace un par de meses.

¿Que por qué es un horror? Esperad y veréis….

La verdad es que las rupturas también te facilitan mucha información sobre la clase de hombre con el que sales. Por cómo reaccionan te das cuenta si están mínimamente equilibrados o si, por el contrario, tienen algún trastorno o incluso un perfil obsesivo–compulsivo y, en ese caso, hay que salir corriendo a toda pastilla…

Os cuento: conocí a Raúl hace unos meses en un restaurante donde solemos ir a cenar todas. Muy apuesto, nos invitó a tomar una copa y nos quedamos charlando hasta que nos echaron del lugar por "pesados"… La verdad es que la conversación era de lo más interesante, así que decidí acceder a darle mi número de teléfono y… ahí empezó todo.

Estuvimos viéndonos un par de meses con bastante frecuencia y lo cierto es que yo me encontraba a gusto, aunque no del todo convencida.

Me trataba estupendamente, debo decir, pero ya sabéis que el corazón se mueve por otros lares... Como dice mi hermana, tenemos que evitar "comprarnos la lavadora", es decir, mirarles como si estuviéramos en unos grandes almacenes eligiendo electrodomésticos en función de sus cualidades...

Así... me parece que no... Cuando el corazón siente, lo sabes, y cuando no, pues no hay nada que hacer, y punto. Y si te estás planteando si el corazón siente o no siente...vamos mal. Eso te lo dicen los latidos que se aceleran cuando vas a ver a ese hombre o te roza una mano....

Pues bien, el caso es que yo no me sentía demasiado convencida a pesar de que sí me encontraba cómoda (el hecho de que él llevara a cuestas tres divorcios con los respectivos hijos de cada matrimonio no me ayudaba nada a decidirme, debo admitir).

Como poco a poco iba comprobando que Raúl estaba acelerando más y más, decidí bajar el ritmo y la frecuencia de nuestros encuentros a ver cómo me iba sintiendo yo.

Pero resulta que él, en lugar de proporcionarme ese espacio que tanto necesitaba para poder aclararme un poco, comenzó a llamarme cada vez más, a pesar de mis repetidas respuestas donde le pedía que me dejara tranquila.

No parecía entenderlo, y no cesaba en proponerme planes, viajes, etc., en un momento en el que obviamente, no procedía en absoluto.

Cuando yo le contestaba con dureza, le asaltaba una vena de orgullo y me devolvía una respuesta tajante e incluso de mal gusto, pero la dignidad apenas le duraba unos minutos y enseguida se deshacía en disculpas y… vuelta a empezar.

Y así estuve aguantando su insistencia durante unas semanas hasta que ya no pude más y, al comprobar que Raúl hacía caso omiso de mis instrucciones, tuve que recurrir a un amigo para que le diera un aviso "más serio" de que me dejara tranquila….

Mano de santo… A partir de ahí no volví a saber nada de él…

Ahora estoy un poco alerta por si este último encuentro que tuve con él el pasado sábado le ha provocado ganas de volver a darme la lata, aunque de momento no parece que sea así.

Pues bien, como os decía al principio, las rupturas facilitan mucha información sobre el perfil de los hombres con los que nos topamos, su estabilidad emocional, sus valores, etc…

En mi caso, es evidente que Raúl estaba pasando por un momento de lo más inestable, y pretendía acogerse a mí como su tabla de salvación…

Perdón pero si yo he aprendido a no hacer eso con los demás (sobre todo porque no te sirve para nada salvo para caer aún más hondo) tengo todo el derecho del mundo a exigir que los demás no hagan eso conmigo, ¿no creéis?

Esta clase de hombres convierten la relación en una auténtica cárcel, desean a toda costa que seas de su propiedad, y es muy probable que cuando lo consigan y se termine el "efecto novedad", miren hacia otro lado en busca de la siguiente víctima.

Relaciones como esta son tanto o más destructivas que las de los hombres casados, y por eso yo las incluyo dentro de las categorías de relaciones de las que debemos salir huyendo.

¿Que cómo las identificamos? Si me permitís un consejo que yo suelo poner en práctica al principio de una relación, cuando todavía no hay enganche emocional, (o al menos no debería haberlo…) es que debemos comenzar la aventura observando desde las gradas. Es un ejercicio que deberíamos hacer al principio, cuando, como os digo, controlamos nuestros sentimientos, mantenemos la cabeza fría y aún podemos actuar con sentido común…..

Al seguir haciendo nuestra vida como siempre (porque debemos seguir haciéndola), vamos verificando cuáles son las reacciones de ellos si rechazamos una cita porque tenemos otros planes, si nos marchamos de escapada de fin de semana con las amigas o si nos quedarnos leyendo en casa porque no nos apetece salir…

Es más, a mí al principio me gusta "pincharles" un poco con estas cosas para ver su respuesta…. A veces hay que aguantarse las ganas un poquito y posponer el encuentro… Os aseguro que si ese encuentro se produce, os encontraréis mucho más tranquilas y seguras tanto de vosotras como de ellos. La ansiedad es mala compañera para las relaciones….

El hombre tranquilo, sereno, y a gusto consigo mismo entiende fácilmente tu explicación y no tiene inconveniente (o no debería tenerlo) en posponer la cita si ese es tu deseo, y si realmente tiene ganas de verte, claro….

El hombre inestable o ciertamente posesivo, o bien te muestra su enfado y su impaciencia desmesurada, o bien intenta "devolverte la jugada" haciéndose el interesante y no atendiéndote en unos cuantos días…

Pues bien chicas, son los hombres que menciono en este último caso los que no nos convienen…. A toda mujer que se precie se la conquista con cariño, con paciencia y con buenas formas…. ¿Estáis de acuerdo?

También hay muchas que piensan: "Pues a mí cuando me "dan caña" y se me ponen difíciles me encantan". De acuerdo, eso puede significar que te gustan los retos, y no hay nada de malo en ello, pero debemos saber diferenciar entre un reto y una falta de respeto, ¿no creéis?

No estoy diciendo que haya que buscar al hombre sin personalidad, al que diga "sí" a todo lo que propongamos, porque eso tampoco es buen síntoma. Se trata de encontrar el equilibrio entre tener carácter y ser respetuoso, atento, cariñoso… ¿Fácil? Ni mucho menos.. Ahí tenéis el verdadero reto.

Y posteriormente, tras nuestras valoraciones, si decidimos no continuar la relación, al menos de momento, como me ocurrió a mí con Raúl, también la ruptura proporciona información muy útil.

El hombre que respeta tu decisión y no insiste, al menos durante el tiempo que tú le has pedido para aclararte, demuestra tener atributos muy valiosos que debemos tener en cuenta (calma, serenidad, ideas claras, saber estar solo, etc). En mi opinión, esta es la única forma de que al cabo de un tiempo se pueda entablar al menos una amistad e irse conociendo poco a poco sin prisas ni etiquetas.

Pero también debemos reconocer que ellos tampoco lo tienen nada fácil en estos tiempos. Ante tanta independencia de la mujer, a la que no estaban acostumbrados por la educación que han recibido, los hombres de ahora no saben muy bien cuál es su papel, y es verdad que a veces se encuentran un poco perdidos.

Yo tengo algunos amigos que me reconocen su confusión, pero incluso en ese estado he comprobado que a ellos tampoco les agradan las mujeres que insisten demasiado en entablar una relación con ellos al principio. Os hablo de hombres con dos dedos de frente, sentido común y equilibrio suficiente, claro, que luego están esos a los que les da igual "ocho que ochenta" y aceptan a cualquiera como "animal de compañía"…

Pero de entre los hombres a los que me refiero en el buen sentido, conozco varios casos en los que ellos son los que han salido huyendo de la mujer que no paraba de llamarles, la que se enfadaba si él no respondía a sus mensajes de inmediato o la que no aceptaba un "no" por respuesta a sus múltiples propuestas.

Todas mis amigas y yo, sin excepción, lo hemos comprobado y lo seguimos comprobando una y otra vez. Cuanto más difícil se lo pones, cuando más escurridiza te vuelves, mayor es su interés. En cuanto comienzas a estar más pendiente de ellos, te van comiendo el terreno y su interés va disminuyendo.

Me estoy refiriendo al período inicial de conquista, ese tiempo durante el cual no os conocéis apenas, y donde se establecen las reglas del juego, se revela quién debe insistir y quién debe dejarse querer, al menos al principio. Nosotras seguimos comprobando que es el hombre el que debe ir en busca de la mujer, hasta que, si se supera ese período de tiempo suficiente para que la relación vaya adquiriendo fuerza y comience a estabilizarse, los roles de los dos también van alcanzando el equilibrio, porque la confianza va creciendo entre ambos.

El caso de la relación que está manteniendo mi amiga Raquel, la chica mexicana, es muy ilustrativo de lo que os acabo de contar. En estos momentos parece que están consiguiendo superar ese "período de prueba de conocerse", y ahora la verdadera relación empieza a florecer.

Pues bien, Raquel conoció a Tomás en el gimnasio, y comenzaron a verse con cierta frecuencia.

Al principio, ella le insistía para que se viesen, y el parecía no mostrar demasiado interés. Recuerdo una noche en la que Raquel había quedado conmigo y me había confesado que Tomás llevaba tres noches poniéndole excusas para no verse. La verdad es que Raquel estaba muy nerviosa, incluso llegó a proponerle que se vieran cuando él volviera a casa después de quedar con sus amigos.

Es cierto, a veces nos dejamos llevar por impulsos que no nos hacen mucho bien.

En otra ocasión, Raquel tenía que hacer un viaje de trabajo. Salía el lunes por la mañana y había pasado con Tomás el fin de semana de la víspera. Todo había ido sobre ruedas, él se había mostrado muy cariñoso y la cosa parecía ir mejor…

Hasta que… A la semana siguiente, al regresar Raquel de su viaje, me llamó disgustadísima:

"–¡Tomás no me ha llamado en todo el tiempo que he estado fuera! ¡Ni un mensaje de despedida el día que me marché después de haber pasado tan buenos momentos con él! ¡Ni preguntarme si he llegado bien a mi destino! ¡Qué desastre! ¡Y yo que me había ilusionado tanto!–"

En ese momento, al verla tan afligida, comenzamos a darnos cuenta de que empezaba a caminar por arenas movedizas, y si seguía por ese camino sin obtener nada a cambio, era muy probable que en poco tiempo le volvieran a romper el corazón.

Así que decidimos ponernos manos a la obra, realizar "terapia intensiva de grupo" (es decir, salir todas las noches con ella) y lograr frenar los impulsos que tenía Raquel de llamar a Tomás y proponerle los mil y un planes.

Al cabo de unos días, Tomás empezó a llamar, pero Raquel ya estaba más distanciada emocionalmente, como es lógico… ¿No creéis?

Desde entonces Raquel comenzó a actuar con más sentido común, es decir, quedando con él muy de vez en cuando, rechazando algunas de sus propuestas y dosificando las cantidades de afecto que mostraba en función de las que recibía.

¿Queréis creer que es Tomás el que ahora espera a Raquel en casa hasta que vuelva de salir con sus amigas? ¿Queréis creer que ahora la está cuidando como hacía mucho tiempo no la cuidaba nadie y hasta se ocupa también de que Joanna, nuestra amiga argentina tan cercana a Raquel, no se sienta desplazada por la presencia de Tomás?

El otro día Joanna se puso enferma de gastroenteritis y tuvo que hospitalizarse. Cuando llamó a Raquel para que la acompañara al hospital, Tomás, que estaba con ella, se marchó sin dudarlo con las dos y se quedó sin dormir toda la noche junto a Raquel mientras hacían pruebas a Joanna. ¡Ese es el hombre que respeta y quiere estar con una mujer!

De verdad chicas, los principios marcan la diferencia y, si se lo ponemos fácil, los hombres nos conceden muy poco valor, por mucho que lo tengamos...

PLANETAS DIFERENTES

Mañana de sol… ¡Bieeeeeeen! ¡Y es sábado! ¡Todavía mejor!

¿Que qué voy a hacer todo el día? Pues como siempre, organizar planes con las personas que quiero, disfrutar de cada momento, ¡y reírme todo lo que pueda!

Para empezar me pongo la música mientras me preparo un buen desayuno y retomo el libro que estoy leyendo y me tiene embelesada… ¡Hay que ver cuántos momentazos se viven cuando se está bien en soledad!

Aún me acuerdo de cuando me despertaba con alguna de mis anteriores parejas, ya en los momentos en que la relación estaba dando sus últimos coletazos. Casi todo eran caras largas, miradas serias, monosílabos y estrategias para no intentar coincidir mucho por la casa…. ¡Qué horror!

En estos momentos se me hace extraño observar cómo pude aguantar tanto tiempo en ese estado, con lo bien que estoy ahora…

En ocasiones, cuando tenemos que tomar una decisión de realizar un cambio importante en nuestras vidas, como salir de una relación, nos entra un pánico atroz, porque no sabemos lo que nos puede deparar el futuro, y tendemos a pensar que estamos mejor "con lo malo conocido"…

De verdad chicas, no nos quedemos ahí… La vida está llena de sorpresas, y ser valiente tiene siempre una gran recompensa, ¡creedme!

Solo hay que dar el primer paso, (¡aunque cueste!) pero después la vida te lo agradece, porque lo haces por ti, para tu propio bien…

Después de desayunar con una buena música de fondo que ameniza aún más la mañana mientras leo mi libro y me sumerjo en una historia apasionante, me coloco el pantalón de chándal, agarro mi música con mis auriculares y salgo a correr un buen rato por los alrededores de mi casa… Ah, qué maravilla, el cuerpo lo agradece y la mente aún más…

El deporte me parece fundamental y maravilloso, el cuerpo lo agradece y las emociones se fortalecen. Creo que es muy importante crearse una disciplina, aunque cueste al principio, pero ya veréis cómo poco a poco vais agradeciendo sus efectos…

A la vuelta de mi carrera, entro en casa y me doy una laaaaaaaarga ducha mientras canturreo planificando cuál es el plan de esta noche… Y comienzo a llamar a toda la tropa a ver quién se anima y qué es lo que apetece hacer hoy…

De pronto suena el teléfono y me llama Melinda, una compañera de trabajo que me recuerda que hoy estoy invitada a su cena de cumpleaños.

¡Horror! ¡Se me había olvidado y no me apetece nada! ¿Que por qué? Pues porque es una de esas aburridas reuniones de mujeres casadas de elevado nivel económico y social, pero con una cara de aburridas también muy elevada, y que solo saben hablar de maridos, hijos y cotilleos baratos de las revistas del corazón…¡Socorro! ¡Qué voy a hacer! ¡Se me acaba de ir el sábado al traste!

Está bien. No me queda más remedio que ir. Me he comprometido y yo sé que me han invitado con ilusión. Eso es lo que cuenta. Pero, como soy consciente de que no voy a poder aguantar mucho, decido unirme después a los planes que haya trazado el Grupo A o el B...

¡Ay, chicas, qué bueno esto de tener amigas de verdad, de confianza, a las que acudir en momentos como este y que te esperan con los brazos abiertos!

Creedme si os digo que ni yo misma sabía cuánto iba a necesitar a mis amigas después de la fiestecita de las "esposas perfectas"…

Pues bien. Llegué allí una media hora tarde, porque la anfitriona, menos mal, me pidió comprar algunas cosas de última hora para la fiesta, y yo encantada….media hora menos que me tocaba aguantar el cacareo…

En efecto, en cuanto entré por la puerta, un montón de caras desconocidas me miraron escrupulosamente de arriba abajo, intentando ubicarme en algún estatus social, emocional, económico… Qué espanto…

La escena me recordaba a las películas americanas de los años cincuenta donde aparecían aquellas esposas perfectamente peinadas y maquilladas y con una cara de aburrimiento también perfecto…

En fin, no me quedó otra que tragar saliva y andar con paso firme a su encuentro, poniendo una de mis mejores sonrisas y empezando a contar los minutos para salir corriendo...

Armada de paciencia hasta los dientes y con mi mejor voluntad, comencé a entablar conversación con algunas.

–¡Sandra, cuánto tiempo! ¡Qué ganas de verte y de saber de ti!

Era una excompañera de trabajo, la única que estaba sin pareja cuando trabajábamos juntas y una chica con la que yo llegué a congeniar bastante, pero a la que perdí de vista cuando se marchó al extranjero a vivir…

–¿A qué no sabes qué?– Me comenta a voz en grito, sin ni siquiera preguntarme qué tal me iba… – ¡Te vas a hacer "pipi" cuando te enteres! ¡ME CASO! Y vas a ser tú la única soltera del grupo! ¡Pobrecilla!

Sí queridas amigas, esos fueron los primeros tres minutos de mi entrada en el evento… De pronto noté un círculo de miradas clavadas en mí con una pícara sonrisa esperando a ver por dónde salía yo, que, en mi interior pensaba en lo absurdo de la situación y no acertaba a analizar cuál de todas las frases que había pronunciado aquella "ex–amiga" era más patética o si resultaba que toda ella era muy patética….

Pero ¿qué le había pasado? ¡No era así cuando estaba sin pareja y salíamos juntas! ¿Por qué hay algunas personas que solo viven para encontrar el estatus de "mujer casada" como si eso fuese el examen final que hay que pasar para estar aceptada socialmente?

Por supuesto, y sin ni siquiera intentar ponerme a su altura, la felicité muy cortésmente, elogiando todo lo que ella esperaba mientras me miraba con su sonrisa triunfante, hasta que, de pronto, comenzó a preguntarme por mi vida….

Entonces empecé a relatar, con una sonrisa que me salía del corazón, con los ojos brillantes de emoción y con todo el cariño del mundo, cómo estaba viviendo mi vida. Comencé a relatarles todos mis planes, mis actividades, las últimas anécdotas vividas con mis amigas, los viajes realizados y los que quedaban por hacer, etc… Y de pronto el silencio volvió a reinar, las sonrisas se iban apagando y comencé a notar miradas afiladas como cuchillos sobre mi frente….

Sí chicas, porque lo que yo desprendía era alegría en estado puro. Alegría por ser la que toma las riendas de mi vida. Por estar a gusto con lo que soy y estar convencida de lo que hago y de cómo vivo. Por saber rodearme de personas que me llenan hasta el máximo. Por poder compartir tanto con ellas y querer seguir haciéndolo eternamente…

Por supuesto, no estoy insinuando, ni tampoco lo pienso, que el mío sea el mejor estado y que todas las parejas establecidas sean infelices.

¡Pero es tan difícil encontrar una cara de felicidad entre las que conoces!

Poco a poco, todas comenzaron a preguntarme, a escuchar todo lo que iba contando, y a confesar sus estados de monotonía, aburrimiento o encarcelamiento.

No me lo podía creer.

Aquellas miradas afiladas, dispuestas a entrar a matar, estaban volviéndose dulces… Esas personas frías y altaneras comenzaban a mostrar su confusión, su necesidad de afecto y comprensión, y al ver en mí una persona que no pretendía establecer comparaciones, que no buscaba nada más que extraer lo auténtico y positivo de cada situación, se fueron acercando a compartirme sus experiencias, sus frustraciones, sus esperanzas...

Es increíble cómo somos a veces los humanos…. ¿Por qué ante un desconocido nos empeñamos en demostrar que todo está bajo control y que lo nuestro es lo mejor? ¿Qué hay de malo en demostrar un poco de vulnerabilidad en busca de comprensión?

Incluso una de ellas que en un momento dado me había comentado: "Pues a mí me parece que una mujer sin hijos, la verdad es que no es nadie…."

(¡Pero cómo se puede ser tan torpe!) tuvo que retractarse al escuchar cuáles eran para mí mis valores, mis prioridades en la vida, lo bueno de mi día a día...

Y así fue chicas, cómo en el mismo ratito, tras iniciar la velada con ganas de suicidarme, terminé marchándome muerta de risa y con el cariño y simpatía de la mayoría del grupo….

Eso sí, en cuanto pasó el tiempo reglamentario de cortesía salí disparada al rencuentro de mis queridas amigas del Grupo A que me estaban esperando en el sitio de siempre, me llenaron de besos y sonrisas cuando me vieron llegar, se murieron de risa cuando les conté cada uno de los comentarios que me tuve que tragar…. Ay, chicas, ¡Qué descanso!…. Hogar, dulce hogar.

Esa misma noche, alrededor de una copa de vino, y tras narrarles toda la velada, decidimos crear una lista de situaciones que mujeres como nosotras deberíamos evitar…

Fue tan divertido que hasta creamos un "chat de grupo" en nuestros teléfonos móviles con el nombre de "Evitar cualquier….", y decidimos utilizarlo para comentar lo que nos iba pasando cuando no estábamos juntas.

Os lo recomiendo. Haced la prueba. ¡Es imposible sentirse sola así!

Al día siguiente, el domingo por la tarde, cada una desde nuestra casa, leyendo, cocinando, viendo una peli... nos comunicamos por el chat para avisar de que una amiga periodista que teníamos en común salía en la tele enseñando su último reportaje... Nos pusimos todas a verlo de inmediato....

De pronto Sara pregunta por qué demonios tiene que ver vacas y gallinas a esas horas... Por su parte, Samantha, tras escuchar que la crisis económica estaba afectando a la sexualidad de las parejas, comenta: —¡Lo que nos faltaba! ¡Encima sin sexo! ¡Rápido, hay que poner un *sex shop,* que nos forramos!—

Sonia se reengancha a la mitad de la conversación y añade que estaba llorando a moco tendido porque acababa de terminar de ver "Los puentes de Madison" y que necesitaba ayuda... Y todas salimos al ataque con nuestras bromas, y nuestro optimismo....

Entonces Viviana se anima y comenta que desde que se está leyendo libros de autoayuda ya no liga como antes, porque ahora ya ningún hombre le hace sentir lo que dicen los libros que te tienen que hacer sentir… ¡Y que vaya mierda con los libros de autoayuda! ¡Los podían quemar todos! ¡Ahora ya no puede ligar!

Y así terminamos la tarde del domingo con risas, y mucha, mucha alegría….

¿Lo veis cómo con solo un poquito de imaginación lo que puede parecer una rutina aburrida y solitaria se puede convertir en un fantástico cúmulo de experiencias?

Solo hay que ponerle ganas y dejar que nuestra mente y nuestro optimismo se encarguen de modelar el día a día.

Pero tenemos que esforzarnos por nuestra parte para intentar extraer lo positivo de todo y exprimir al máximo cada momento… Debemos poner mucha ilusión en todo lo que hagamos, por poco que nos apetezca en un principio…

Es sorprendente cómo pueden darse la vuelta las situaciones si les dedicas lo mejor de ti…

ESCAPADAS, SUEÑOS Y LO MEJOR… EL REGRESO

El Grupo B y yo nos vamos de fin de semana, ¡Hurra!

Hemos decidido salir a respirar otros aires, huir de la rutina, que hasta cuando te sientes tranquila también ahoga, y hacernos un viajecito en coche dando rienda suelta a nuestros sueños, sentimientos, inquietudes y esperanzas, para poder compartirlas y hacer más fácil el camino…

Dicho y hecho. Buscamos por Internet un acogedor hotel en zona campestre, nos subimos al coche y …¡A la aventura!

Después de pasar una hora dando vueltas a la misma autopista porque Sami se empeñó en que conocía la salida, decidimos echar mano del GPS y logramos alejarnos del punto de partida…

Qué desastre somos, y lo peor es que como vamos hablando por los codos, no nos dimos cuenta del error hasta pasada más de una hora…

En fin, ¡qué buen invento el GPS! porque hay que reconocer que los hombres, con ese brillante sentido de la orientación, solucionan las tareas logísticas en un santiamén…. Te llevan por la ruta más corta o más bonita, según decidas, y se saben cada punto kilométrico estratégico para detenerse a comer esto o aquello….

Menos mal que la tecnología se pone de vez en cuando de nuestra parte… En mi caso, debo reconocer que a veces ni con GPS logro aclararme… Pero me lo paso pipa demostrándome cada vez que me pierdo que me puedo volver a encontrar… Y creo que eso deberíamos aplicarlo a todos los planos de la vida…

No importa lo perdidas que nos podamos sentir en ciertos momentos, si queremos y sabemos elegir, siempre tendremos al lado a un GPS que nos guíe…

Y así comenzamos el fin de semana. El viaje se nos hizo cortísimo a pesar del incidente de la salida y del hecho de tener que parar cada media hora a tomar un café y ponernos más guapas si cabe…

Por fin llegamos al pueblecito donde se encontraba el hotel… Una maravilla de aldea empedrada y preciosa, aunque poco práctica: las calles eran estrechísimas, y teníamos que hacer verdaderos juegos malabares para no rozar el coche con los muros …

De pronto, divisamos el hotel al final de una calle… de dirección prohibida, y había que dar un largo rodeo para alcanzarlo.

Ya era de noche, apenas había iluminación, tomamos una calle lateral que, como pudimos comprobar solo cuando llegamos al final, estaba cortada, y nos vimos obligadas a ir marcha atrás y cuesta arriba por entre aquellos estrechísimos muros…

En aquellos momentos reinaba el silencio, un silencio típico de los pueblos pequeños cuando cae la noche, hasta que, con nuestras idas y venidas, acelerones y frenazos, comenzaron a asomarse los vecinos por los balcones para observar la maniobra de cinco chicas en un deportivo último modelo intentando salir de la encrucijada…

Entonces, y al ver nuestra incapacidad de sacar el maldito coche de allí, dos chavales de unos 16 años se asomaron a darnos instrucciones desde el balcón. Escuchamos carcajadas y comentarios de toda clase, mientras nosotras nos moríamos de risa al ver el espectáculo que estábamos organizando…

Por fin, entre vítores y aplausos de los espectadores, logramos volver al principio de la calle. En ese momento Sami comentó: —¿Y qué más da que la calle del hotel sea dirección prohibida? ¿Pero quién va a venir por este pueblo desierto y a estas horas? ¿No veis que no se oye ni una mosca?

Dicho y hecho. Nos atrevimos a infringir la norma y comenzamos a avanzar despacito por la calle prohibida….

¿Adivináis quién apareció viniendo hacia nosotras? !Exactamente! ¡La Guardia Civil! ¡Si es que tenemos una puntería!

Por suerte, y aunque pueda sonar un poco injusto, eran dos hombres, y al ver tanta chica guapa, no solo no nos amonestaron sino que nos escoltaron hasta el hotel… ¡Olé! ¡Todavía quedan caballeros como los de antes!

Y así empezó nuestra aventura de fin de semana.

Qué maravilla poder encontrar personas con las que escaparse de vez en cuando… Porque esa es otra: no con todo el mundo una puede atreverse a alejarse nuestros territorios…

Hace años, en dos ocasiones me tuve que dar la vuelta a mitad del viaje por incompatibilidad absoluta con las personas con las que viajaba. Qué frustración…

Por eso, cada vez debemos seleccionar con más cuidado a las personas que deseamos que formen parte de nuestro círculo, e intentar huir a toda costa de los parásitos que solo nos roban la energía y nos crean confusión…

Todo esto nos lo comunica clarísimamente nuestro interior a través de las sensaciones que experimentamos antes, durante y después de compartir momentos con cada persona. Nuestro interior siempre dice la verdad, aunque a veces no queramos escucharlo….

Lo mismo pasa con las relaciones: hay hombres con los que sabemos positivamente y desde el principio que no vamos a llegar a buen puerto, que no solo no nos conducen en la dirección correcta sino que nos están alejando de nuestra meta a pasos agigantados, y aún así hay veces que no podemos evitar dejarnos llevar un poquito…

Ahí está el caso de Viviana, que se enamoró perdidamente de un abogado que estaba casado con el que coincidía en el gimnasio casi a diario…

Sin darse cuenta, comenzaron a entablar una profunda amistad, porque los dos tenían muchas ganas de obtener opiniones y perspectivas del sexo opuesto y apenas podían contar sus experiencias a nadie….

Así que utilizaban el gimnasio como punto de encuentro terapéutico… Hasta que Viviana comenzó a notar que aquel hombre que la escuchaba tan atento y le ofrecía sus reflexiones, la entendía mejor que ningún otro y la conocía más que cualquiera de las últimas parejas con las que había estado… ¡Ay, que inoportuna es a veces la vida!

La verdad es que yo nunca la había visto tan enamorada de alguien. Este era, sin duda, un amor de los auténticos, de esos que se han ido fraguando poco a poco y a fuego lento. Porque sí, chicas, para mí esa es una de las claves para que una relación salga bien: empezar por conocer a la persona desde dentro, poquito a poco, mediante encuentros esporádicos donde se decide libre y voluntariamente charlar y despojarse de las inquietudes.

Ahí es cuando uno va conociendo al otro, cuando va sintiendo verdaderamente cómo es y cuando, si esa amistad continúa, se pueden dar más pasos con una gran garantía de éxito.

Obviamente, en este desafortunado caso, eso no podía suceder debido a la condición de hombre casado de Jose, el abogado.

Pero es una verdadera pena, porque, desde mi punto de vista, ahora las relaciones comienzan al revés:

Resulta que hoy en día, y tengas la edad que tengas, si alguien se muestra interesado en ti, o tú en alguien, el primer paso es empezar a conocerse mediante esas citas que salen en las películas románticas: una cenita a la luz de las velas, una botella de vino para desinhibir sentimientos, un concierto de la música más romántica que existe…etc….

Y toda esa parafernalia tan comercial a la vez que agradable, debo admitir, no es sino un ritual de seducción donde el objetivo suele ser acabar la velada con un encuentro sexual.

Si este encuentro no se produce en la primera cita, será en la segunda o en la tercera, pero en ningún caso esperará mucho más ni se producirá en un momento mucho más posterior en el tiempo como, al menos desde mi punto de vista, debería ser: un momento en el que, después de que las dos personas se hayan dedicado a conocerse y a compartir experiencias, un día, y de la forma más natural y espontánea, se desean sexualmente porque también desean lo que cada una lleva dentro.

Y esto es lo más maravilloso y auténtico que puede suceder en una relación, y lo que desde luego ofrece más posibilidades de éxito que ninguna otra forma.

Sí sí, siempre habrá historias que hayan florecido con un contacto desde la primera noche, pero os aseguro que no son la mayoría, y yo tengo un buen elenco de amigas y casos que lo corroboran.

Yo por ejemplo, últimamente no paro de dar carpetazo a pequeñas relaciones que comienzo pero que cuando pasan tres meses ya no sé ni por qué las he comenzado, ni quién soy, y ni mucho menos quién es la persona que tengo al lado….

Hace cinco meses conocí a Pablo, un hombre que parecía cumplir todos los requisitos para que la cosa funcionara: educado, apuesto, amable, cariñoso, agradable, buena conversación, bien situado económicamente, etc.

Pues bien, comenzamos a salir, y a seguir todas y cada una de las fases del manual de instrucciones de "Cómo comenzar una relación", es decir: cenas románticas, salidas a conciertos, escapadas de fin de semana a hotelitos de campo con mucho encanto…

Yo estaba ilusionada, debo admitir, pero como ya me voy conociendo, no quería cantar victoria tan pronto…

En efecto, después de un par de meses yo seguía sin sentirme preparada para colocar ninguna "etiqueta" a la relación, es decir, para sentirme como "novia de" o algo parecido.

Y es que yo, antes de decidirme por alguien, como creo que les ocurre a la mayoría de las mujeres, necesito conocer bastantes cosas de esa persona, no solo las conversaciones que se producen en momentos rodeados de glamour y romanticismo… Sí, sí, esas también ayudan, pero… ¿Es que habéis conocido a alguien que la haya fastidiado en esos momentos? Yo no….

Es precisamente cuando se sale un poco de todo ese envoltorio y se comienza a establecer una pequeña rutina (sin pasarse, tampoco….) cuando los dos se van quitando la venda y se van conociendo de verdad: las reacciones de uno y de otro ante situaciones que les ocurren, la forma de comunicar y de comportarse en muchos ámbitos….

A mí, por ejemplo, una de las cosas que más me fascina de un hombre es cómo se comporta en el ámbito social, cómo se dirige a los demás, entabla conversaciones, responde a preguntas, y, por supuesto, cómo muestra su sentido del humor….

¡Ay el sentido del humor! Yo lo considero fundamental. Si un hombre me hace reír… me tiene casi conquistada. Y no os creáis que es fácil encontrarlo…

Así me ocurrió una vez, pero también me sirvió para aprender que el sentido del humor no lo es todo. Hace tiempo salí con un humorista… Y por supuesto me desternillaba de risa casi cada día, pero con el tiempo me fui dando cuenta de que fallaban un montón de cosas importantes… y de pronto pasé de la risa al llanto casi con la misma intensidad y frecuencia….

Pues bien, siguiendo con mis historia con Pablo, al cabo de dos meses comencé a notar que algo no iba bien. Le estaba empezando a conocer más y algo en mi interior me hacía rechazar su contacto, sus caricias y, en definitiva, a él.

Como os digo, cuando nos quitamos el envoltorio que todos nosotros nos colocamos durante los primeros encuentros con alguien, de pronto va saliendo la verdadera persona, con sus verdaderos gustos, sus manías, sus preferencias, sus formas de hacer las cosas, etc…

A eso me refiero cuando digo que hoy en día las relaciones empiezan al revés… Enseguida damos paso a encuentros sexuales que trazan otra línea de emociones y sentimientos y que nos impiden ver a las personas como realmente son. Por eso, cuando pasan los primeros momentos del idilio y los encuentros sexuales se empiezan a hacer rutinarios, a veces ocurre que te encuentras con una persona a la que solo se te ocurre preguntar. "¿Quién eres tú y qué haces en mi cama?"

En mi caso, a Pablo, decidí darle más oportunidades, e intentarlo a toda costa, porque realmente me parecía buena persona.

Entonces me senté a charlar con él y le pedí que bajáramos el ritmo. Que nos viéramos con más distancia entre unos encuentros y otros. Y que no diéramos por sentado que después de cada cita, ya fuera una cena, una comida, una copa, etc, tuviera que haber un encuentro sexual.

Sin embargo, yo notaba que Pablo estaba comenzando a pasarlo mal, porque él tenía un sentimiento intenso por mí al que yo, de momento, no podía corresponder. Siempre me acordaré del brillo de sus ojos (una mezcla de miedo y tristeza de poder perderme) cuando tuvimos esta conversación.

Pero nada chicas, que cuando no te gusta, pues no te gusta y punto. A pesar de los distanciamientos y de la libertad absoluta que teníamos para vernos solo cuando a los dos nos apeteciera… yo notaba que cada vez me sentía menos atraída por él y, lo peor era que cuando él no estaba conmigo, yo no le echaba de menos.

Esta es sin duda la gran alarma…. La señal que hay que saber interpretar. Una debe ser consciente de que por muchas ganas que tengas de comenzar una relación, si te conformas con algo de lo que no estás convencida, vas a terminar sintiéndote desgraciada y, como me estaba empezando a pasar a mí casi sin darme cuenta, comienza a invadirte la tristeza, se reducen tus energías y se apagan esas ilusiones con las que debes levantarte por las mañanas y comenzar a darlo todo.

Creo que aquí es bueno mencionar de nuevo aquella frase que me decía mi hermana: "no nos estamos comprando la lavadora". A mí, por mucho que pensaba en todo lo bueno que tenía Pablo (y de verdad que era mucho), el corazón no se me aceleraba ni un momento cuando le veía, la química brillaba por su ausencia, era un lenguaje no verbal que a mí solo me decía… "Vete de ahí".

Y así lo hice.

Y cuando salía del café donde tuve mi última conversación con Pablo... recibí una llamada de Viviana deshecha en sollozos, y allá que me fui a su encuentro....

NO TENGAS LO QUE QUIERES…. QUIERE LO QUE TENGAS….

Ay Viviana…. en menuda se ha metido…. A ver cómo la sacamos de esta….

En efecto, cuando me la encontré en un café tranquilo cerca de su casa, era un mar de lágrimas…

Como os comentaba, se había enamorado perdidamente de aquel abogado que conoció en el gimnasio y con el que durante tanto tiempo tuvo nada más que una relación de amistad basada en encuentros formales a comer, tomar un café, dar un paseo y, de verdad que hasta entonces no había sucedido nada más…. Bueno, salvo el pequeño detalle de que Viviana se había enamorado…

Nunca la había oído hablar así. Tenía el corazón desgarrado porque sentía que solo con verle de vez en cuando su alma revivía, disfrutar un rato de su compañía le proporcionaba energía suficiente para vivir todo un mes… Pero desde hace unas semanas él no daba señales de vida y tampoco contestaba a las que le daba Viviana.

Para colmo, hace unos meses él le había contado que se estaba planteando la separación de su mujer, e incluso que había hablado ya con un abogado para empezar a mover los papeles…

Eso fue lo que a Viviana la descolocó. Porque durante todos esos encuentros amistosos él siempre se mantuvo firme con su matrimonio y en ningún momento dio señales de tener problemas y mucho menos de separarse… Pero cuando Viviana comenzó a escuchar esas intenciones de hacerlo, empezó a pensar que podía existir una posibilidad….

Y, ahí se desató la caída.

Como os digo, hasta entonces no había sucedido nada entre ellos, pero últimamente él se mostraba inquieto, por sus problemas en casa, y comenzó a buscar cada vez más la compañía de Viviana. Ella estaba acostumbrada y, aunque le notaba nervioso, no se esperaba que él finalmente diera el paso… que dio…

Así que, un buen día, una de esas tardes que fueron a tomar un café y charlar, él la acompañó al coche y la besó apasionadamente durante unos minutos… Viviana, sin comprender nada, se marchó rápidamente.

Su cabeza era un mar de preguntas y emociones. Se sentía feliz por una parte, pero aterrorizada por otra. Sabía que se estaba metiendo en algo muy peligroso, que comenzaba a caminar por la cuerda floja, pero no podía dejar de pensar en aquel beso…

Decidió entonces poner un poco de distancia hasta el próximo encuentro, para dar opción a que se calmaran las aguas, e intentar retomar el punto de amistad, y solo de amistad, que habían alcanzado.

Pero fue imposible.

Aunque pasaron unas semanas antes de que se volvieran a ver, el siguiente encuentro fue… definitivo. Y pasó… lo que tenía que pasar.

A partir de ahí, se produjeron nuevos encuentros un tanto extraños. El se mostraba cariñoso pero distante a la vez, porque, obviamente, se sentía muy culpable.

Y los sentimientos de Viviana ya estaban desbordados….

Sin atreverse ninguno de los dos a abordar el tema, Viviana notaba que su descontrol emocional iba en aumento y que debía poner remedio de inmediato para intentar calmarse. Pero no podía evitar desear verle más y más…

Al cabo de unas semanas, el abogado comenzó a desaparecer, a no dar señales, ni siquiera a pisar el gimnasio…

Viviana estaba realmente nerviosa y descontrolada. Le esperaba a todas horas en el gimnasio, buscaba su coche a ver si había llegado o estaba por los alrededores, pero nada. La verdad es que había perdido el control de la situación. Se sentía humillada, utilizada, abandonada. Era un dolor espantoso el que transmitía con su mirada.

Y en ese punto estaba cuando me la encontré en el café cercano a su casa.

—En primer lugar, sécate esas lágrimas y ve a lavarte la cara— comencé yo como única forma que se me ocurrió de romper el hielo y empezar a atacar el problema—. Y ahora, despacio, cuéntame exactamente todo lo que ha pasado, sin alterarte, y explícame por qué ese cambio de sentimientos tan brusco en tan solo unas semanas.

Y así fue cómo Viviana, con el corazón hecho trizas, comenzó a relatarme que lo que más le había descolocado era la "esperanza" que se había creado en su cabeza al oír hablar de una posible separación entre el abogado y su mujer, unido, por supuesto, a los acercamientos "físicos" que habían tenido a raíz de entonces.

Porque una cosa me juró y me perjuró hasta la saciedad: por mucho que Viviana había albergado grandes sentimientos por él todo este tiempo, jamás se hubiera atrevido a dar ningún paso sabiendo que él era un hombre felizmente casado y que nunca tendría una posibilidad de ser correspondida en igualdad de condiciones.

Por eso, cuando él comenzó a hablar de separación y divorcio, Viviana no pudo evitar dejarse llevar antes sus acercamientos …

Y ahora estaba destrozada.

—Bueno pues, manos a la obra— dije yo para intentar tranquilizarla ¡Que empiece la terapia de choque!

Aunque sabía que esta clase de dolor solo lo puede pasar uno mismo y nadie puede hacerlo por los demás, sí se puede poner de nuestra parte para intentar aliviarlo y suavizar las sacudidas.

Y así fue cómo poco a poco comenzamos a hacer actividades distintas de ir al gimnasio: salíamos a caminar por el campo, cenar con las demás amigas, hablar hasta la saciedad de sentimientos, emociones, hombres, inquietudes y demás embrollos.

Hasta que, un buen día, me quedé sorprendida de lo que me contó Viviana y del cambio que pude comprobar que había experimentado:

–Mira, Sandra– comenzó una mañana de domingo en que habíamos salido a dar un paseo al sol y luego a comer juntas–. De pronto me he levantado y es como si me hubiera quitado la venda de los ojos. De pronto he sentido que el dolor había desaparecido. He salido a correr por la mañana temprano y a respirar el aire con todas mis fuerzas preguntándome una y otra vez cómo había podido ponerme tanto en manos de esa persona que ya ni siquiera estaba. He sentido que la herida que tenía dentro de mi corazón se iba cerrando, y que de nuevo me entraban ganas de mirar de frente a la vida, y valorar al máximo todos y cada uno de los días que estoy viviendo.

Yo estaba estupefacta, pero podía comprobar, sin duda, que me estaba diciendo la verdad.

–Escucha Sandra, –prosiguió– yo estaba totalmente cegada, le había idealizado por completo y me sentía insignificante a su lado, y mucho más cuando desapareció y me dejó tirada como una colilla. Ese había sido uno de mis mayores miedos, perderle del todo y, para que veas lo que es la vida, eso es justamente lo que ha ocurrido. ¡Pero he podido enfrentarme a ello! ¡Y ya no tengo miedo de que no esté!

–No te imaginas, Sandra,– continuó sin pensárselo– cómo me siento de fuerte, calmada, serena, y orgullosa de mi misma. Me he dado cuenta de mi gran error al intentar desear algo que no me corresponde desear, porque no lo podré tener jamás. Y eso me ha quitado un enorme peso de encima. ¿Cómo he podido ser tan estúpida?

–No has sido estúpida, Viviana, has sido paciente, has creído que podía nacer una verdadera historia, porque él te lo había hecho creer así, y has abierto tu corazón. ¡Aquí el único estúpido ha sido él!

–Gracias Sandra. ¿Sabes? En estos días me viene a la cabeza una y otra vez una frase que escuché hace mucho tiempo y que mi mente guardó bien guardada en un rinconcito porque sabía que en algún momento me la iba a tener que mostrar. La frase dice lo siguiente: "NO TENGAS LO QUE QUIERES… QUIERE LO QUE TENGAS"

¡Bingo! Me quedé impresionada. ¡Era verdad! ¿Por qué siempre nos empeñamos en llorar por lo que no tenemos o no hemos conseguido, en lugar de abrazar todo lo que la vida nos ha entregado y tenemos la suerte de poder disfrutar?

En nuestro caso, somos unas personas muy afortunadas, con gente que nos apoya y aprecia de verdad. Con salud, trabajos que nos permiten mantener y disfrutar de una buena calidad de vida. ¡Y amigos con los que hablar y desahogarnos! ¿Qué más podemos pedir?

Desde luego que se pueden pedir más cosas, pero, ¡lo que desde luego no se puede hacer es centrarnos solo en que no las tenemos!

El otro día me crucé con Viviana en el gimnasio y estaba hablando con el abogado otra vez…

Al principio, mientras me acercaba a ellos para saludarles, empecé a asustarme de nuevo, temía una recaída por parte de Viviana… Pero, conforme me iba acercando más y más, comencé a notar el tono, la firmeza y la mirada de Viviana cuando se dirigía al abogado, que cada vez se iba haciendo más pequeño. Tras una breve conversación, Viviana se despidió de él, se dio la vuelta y se marchó hacia mi con una sonrisa limpia y aliviada.

Lo había superado.

Chicas, por favor, lo más importante… No lloremos por lo que no podremos tener, por muy maravilloso que pueda parecer desde fuera. Si no podemos tenerlo es porque no nos corresponde a nosotras vivir esa vida, sino otra: LA NUESTRA. La que nos tiene reservadas un montón de experiencias maravillosas, de pruebas, de retos y recompensas. Y cada vez que superemos uno de esos retos y vayamos ganando batallas, nos sentiremos más fuertes, con más peso, más a gusto con nosotras mismas y... os aseguro que los demás también lo sentirán….

¡Ánimo y no le tengáis miedo a nada!

¡GRACIAS, GRACIAS, GRACIAS!

Nueva llamada de Sami. Está triste, pero esta vez no es por nada que dependa de ella o de cómo controlar sus emociones. Esta vez es algo grave y serio.

—Sandra, ¿puedes hablar?— Me dice una voz débil y apenas sin aliento al otro lado del teléfono— Sí, ¡por supuesto!— respondo de inmediato empezando a preocuparme de verdad. Sami nunca llora en público, suele guardarse mucho sus emociones, aunque luego las expresa con mil detalles y gestos de cariño.

—Sandra, estoy hecha polvo. Vengo del hospital, han ingresado a mi hermana y...— De pronto, un silencio sepulcral, hasta que al cabo de unos segundos que a mí se me hicieron interminables, dice: —Le han detectado un tumor maligno, y en muy mal sitio…

Me quedé helada. Eso no podía ser. Con eso no contaba. Ni yo ni nadie. Me empezaron a temblar las piernas. ¿Y ahora qué? ¿Cómo intento consolarla, darle algo de ánimo, reducir sus nervios?

—Sami cariño, calma, por favor— me apresuré a decir. Mi mente me daba vueltas intentando construir alguna frase que pudiera proporcionarle el más mínimo alivio–. Hoy en día hay muchos medios, tu hermana está en excelentes manos, y es muy fuerte. Vamos a ir poquito a poco, ¿vale? ¿Dónde estás?– Sabía que necesitaba desesperadamente un abrazo, Sami es una persona extremadamente sensible pero muy dura a la vez y no expresa sus necesidades de afecto, pero yo la conozco bien y sé cuándo está pidiendo cariño a gritos.

– Estoy en… en el coche, me iba a ir a casa….

–¡NO!– Le impuse de inmediato.– ¡A casa tú sola en estos momentos, no! Ven con tu coche hasta mi casa, y vámonos a tomar algo, necesitas aire y hablar.

–Pero es que no me siento con fuerzas…

–¡Pues las sacas! ¡O te voy a buscar!

– Está bien– accedió ella por fin.

Yo sabía que si en esos momentos se metía en casa sola, se iba a producir una catástrofe. El derrumbe estaba asegurado. La mente juega muy malas pasadas y uno, cuando está solo y en una situación delicada que le hace sufrir, sea lo que sea, se pone a pensar lo peor, a imaginarse todo lo que da más miedo, y se convierte en carne de cañón para la tristeza o, lo que es peor, la depresión.

Además, Sami es muy dada a investigar y cotillear mucho por Internet, y eso es lo peor que puedes hacer en un momento como este.

¡Qué manía tenemos de recurrir a Internet cuando nos duele algo, nos diagnostican cualquier tipo de enfermedad, por leve que sea, o nos encontramos mal!

En Internet hay millones y millones de datos e información sobre lo que en estos momentos nos sucede a nosotros, sea lo que sea. Pero hay datos buenos y esperanzadores y datos malos y desoladores, que se te clavan como puñaladas porque, por supuesto, con estos últimos son los que te quedas.

Así que, para evitar esta secuencia de acciones que estaba segura iba a realizar Sami, me fui a su encuentro, hasta que por fin la pude abrazar.

En ese momento, como era de esperar, se derrumbó. Me agarró con fuerza, sin querer soltarme, como si me estuviera pidiendo que hiciera algo para aliviarle de esa pesadilla.

Sí, queridas amigas, la vida a veces te da esos reveses, y hay que estar preparado o al menos tener las ganas suficientes de estarlo..

Nos fuimos a un café, y comenzamos a hablar tranquilamente. Poco a poco se fue calmando, dejando que el aire entrara con normalidad en sus pulmones porque el llanto comenzaba a cesar.

Yo sabía, y ella también, que ahora se iniciaba una etapa diferente en nuestras vidas, y bastante dura, pero también sabía que ahora más que nunca íbamos a estar a su lado, y que, si bien no nos íbamos a poder librar de momentos duros y tristes, tampoco íbamos a estar exentas de grandes momentos, tiernos y agradables.

Y así está siendo.

Hemos creado un "chat de grupo" y todas las mañanas, el Grupo A envía un mensaje de aliento a Sami, que a veces responde y a veces no, como es lógico. Pero al menor atisbo de derrumbe que nos muestre, la llamamos o vamos a verla de inmediato.

El proceso de este tipo de enfermedades es una prueba de fuego para el ser humano. Es un proceso largo y lento, pero que, como todo por lo que pagas un precio, también tiene su recompensa: lo que aprendes de ti y de los demás.

Hay veces que estamos juntas y estallamos en risas y parece que no ocurre nada, pero yo sé que es en esos momentos donde Sami reúne las fuerzas para enfrentarte a los que están por venir…

El otro día habíamos quedado a comer con Sami. Se estaba retrasando bastante, cosa poco habitual en ella, y nos empezamos a preocupar. La llamamos por teléfono, pero no contestaba.

De pronto, aparece por el restaurante con los ojos enrojecidos, y sin mediar palabra se sienta. Yo sabía que no había sucedido nada nuevo, pero a veces las explosiones emocionales son inevitables. Y más te vale estar con alguien con el que te sientas a gusto para hacerlo, porque en estos casos, la mayoría de las veces no te puedes controlar.

Sara y yo nos miramos, la cogimos cada una de una mano y esperamos tranquila y pacientemente a que se desahogara y hablara.

—Es que, chicas, de verdad, – comenzó cuando por fin pudo tomar aire con normalidad,– no sabéis lo duro que es, parece una pesadilla, de la que no sé cómo salir…

—Sí que vas a salir– dijo Sara de inmediato.– Ahora toca apretar los dientes y aguantar un poquito. Apoyarte en las personas a las que quieres y que te quieren, pero todo, absolutamente todo lo malo se pasa.

Sara, que parecía decirlo tan fácilmente, había tenido varios episodios muy difíciles en su vida, uno de ellos coincidió cuando se acababa de separar, con lo duro que ya de por sí es eso.

Tiene dos hijos, como ya os comenté al principio. Y cuando solo tenían ocho años, debido a una enfermedad genética, tuvieron que estar en silla de ruedas durante casi un año, con todo tipo de cuidados y atenciones.

Recién separada, Sara tuvo que ser muy fuerte para sacarlos adelante, con ayuda por supuesto de su familia, de sus padres y sus hermanos, menos mal, que sí estuvieron ahí para apoyarla.

Por eso sabía bien de lo que hablaba. Fueron unos años realmente duros y a veces los momentos eran insoportables, pero también se vivían momentos de calma y serenidad, e incluso de alegría, que eran en los que ella se apoyaba para seguir adelante.

—Gracias Sara, y Sandra— comentó Sami. No sé qué haría en estos momentos sin vosotras. A veces tengo que hacer verdaderos esfuerzos para no dejarme llevar por la desgana, la tristeza o la ira. Me cuesta despertarme para ir a trabajar, o para hacer deporte, pero cuando lo hago, todo va mejorando aunque sea solo un poquito.

Recordad, chicas: el esfuerzo o el primer paso lo tenemos que dar nosotras. Lo más fácil es quedarse sentada autocompadeciéndose. Pero así no nos ayudamos a nosotras ni a los que nos quieren y nos necesitan. Y no nos lo podemos permitir.

—Pero también tengo otros momentos— continuó Sami—, en que valoro mucho más que nunca todo lo bueno que hay en mi vida. Es como si lo viviera con más intensidad todo. Me resulta extraño pero me siento alguien diferente.

Y era verdad. Cuando uno está atravesando momentos difíciles, otras partes de ti salen a la luz, tu escala de valores y de prioridades cambia, y solo depende de ti extraer todo lo mejor de cada cosa, por muy dura que sea la situación que estés viviendo.

Como estaba haciendo muy bien Sami, ahora más que nunca había aprendido a aferrarse con uñas y dientes a lo que la vida le ofrecía: los momentos con su familia y con sus amigas, su trabajo, sus aficiones, su deporte.

–Cada vez que salgo a correr –prosiguió– agradezco poder tener las fuerzas para hacerlo, y me siento en paz cuando estoy en plena carrera, aunque a veces no puedo evitar que se me salten las lágrimas, pero es una gran conexión conmigo la que experimento en esos momentos.

–Bien hecho, Sami,– espeté yo –. Esa es la forma. Eres muy fuerte. Estamos muy orgullosas de ti.

–Gracias Sandra. La verdad es que ahora, cada día que vivo de los que antes me parecían "mediocres", ahora me parecen fantásticos, por poder seguir haciendo lo que hago a diario. Por poder ir a trabajar y esforzarme para ser creativa. Por poder hacer deporte, ir al gimnasio o ver a mis amigas para contarles todo. Y cuando voy a casa de mis padres, me encanta poder levantarles el ánimo, porque solo tenerlos allí conmigo, sanos y en buenas condiciones, me llena de fuerzas para seguir.

Asombroso. Todas estas reflexiones resultan de lo más gratificante. Son esas pequeñas cosas que tienes en tu vida todos los días pero que, parece que por tenerlas, no reparas en ellas, y encima piensas que te pertenecen, como si fueran un derecho o algo así. Y no les das el valor que realmente tienen hasta que algo en tu vida se tambalea y comienzas a darte cuenta…

Pues no queridas amigas, como sabéis, nada ni nadie que está a nuestro alrededor nos pertenece ni durará para siempre.

Yo también creo que si aprendiéramos a dar más las gracias por todas esas pequeñas cosas buenas que nos suceden a diario, seríamos más felices. Estoy segura.

Yo lo he puesto en práctica, y de verdad que funciona. Uno se siente mejor. Desde que me levanto, doy gracias cuando charlo con mi madre y la observo con esa energía arrolladora a sus 70 años de edad, igual que lo hace mi padre. Doy gracias por poder desarrollar un trabajo que me gusta, por salir a la calle y sentir el aire en la cara mientras hago deporte., por tener una velada rodeada de calor, risas o llanto con mis amigas y con la gente que quiero. Por tener a gente que me quiere. Me siento afortunada, como si todos los días me estuviera tocando la lotería.

Por todo esto, solo puedo decir que, single o en pareja, la vida se puede vivir en plenitud. No es mejor ni peor un estado que el otro, siempre que seas tú la que elijas. De todo se puede extraer lo bueno. Y en toda forma de vida se puede encontrar la felicidad. Solo hay que saber decir:

¡GRACIAS, GRACIAS, GRACIAS!

---- FIN---

MENSAJE FINAL.

Si habéis llegado hasta aquí, espero, de corazón, que hayáis pasado un rato agradable y que estas palabras repletas de realidad os hayan aportado algo útil.

La vida está llena de sorpresas, unas son amables y otras no tanto, pero la decisión de cómo vivirlas es solo nuestra.

Vivir sola no es lo mismo que sentirse sola. Creo que todos hemos experimentado la soledad en compañía. Yo me decanto más por la compañía en soledad.

Lo que cada una elija escuchando a su corazón, bien elegido está.

Hasta pronto.